AF254165

LA FRANCE

INTERESSÉE

à rétablir

L'EDIT

DE NANTES.

A AMSTERDAM,

Chez HENRY DESBORDES,

dans la Kalver ſtraat, prés le Dam.

M. DC. XC.

Quid miseros toties in aperta pe-
ricula Cives
Projicis ? ô Latio ! caput horum
& causa malorum.
Nulla salus bello , pacem te pos-
cimus omnes,
Turne, simul pacis solum inviola-
bile pignus. Virg. Æneid. lib. 11.

PREFACE.

UN sage Payen *a* disoit autrefois, que quiconque est sur le point de prendre quelque résolution, doit regarder premierement, si les choses dont il délibére sont honnêtes ou honteuses; Et en second lieu, si elles sont inutiles ou domageables *b*.

Si ce sage estimoit que tout le monde indifféremment est obligé de faire ces réflexions, autant que de se déterminer à faire quelque entreprise; Nous pouvons dire, que cette Précaution est plus nécessaire aux Princes Souverains qu'a toute autre sorte de personnes.

Le Prince est l'ame de son Estat; C'est lui qui le Gouverne; Aussi de lui & de sa conduite, dépendent le repos ou le trouble.

C'est pourquoi il doit balancer le chemin de ses pieds; Et toutes ses voyes doivent être bien dressées. C'est à dire qu'il doit tellement régler & compasser les actions de sa vie qu'il ne fasse point de démarches vicieuses, ni de faux pas. * L'a-

---

a C'étoit Panetius. voy. Cic. offices. liv. 1.

b Quidquid agas prudenter agas & respice finem.

c Proverbes ch. 4. v. 26. & 27.

PREFACE.

L'amour qu'il doit avoir pour ſes ſujets, n'eſt pas le ſeul motif qui doit l'obliger à ſe conformer à cette Ré-gle, ſon honneur propre l'y engage d'une maniére trés-particuliere.

Il eſt bien plus glorieux à un Prince d'avoir de la Prudence que d'avoir du bon-heur, & que d'être grand par des conquêtes ou par des victoires, ou par la poſſeſſion de grands & de vaſtes Etats, qui ſont des préſens d'une fortune aveugle. Un ancien Ecrivain François, trés-habile & trés-judicieux, nous fournit une preuve de cette vérité; *a* Lors qu'il nous dit, qu'on à vû autrefois un Marquis de Brandebourg, qui n'êtoit alors Souverain que d'un petit Etat, & qui êtoit malheureux dans la pluſpart de ſes entrepriſes, avoir été pourtant recherché avec empreſſement, & conſulté par les plus grands & par les plus puiſſants Princes de l'Europe. *b* Par la prudence ce Héros s'eſt acquis l'immortalité, & à laiſſé une mémoire éternelle de lui à ceux qui viendront aprés lui. Ses illuſtres Succeſſeurs nous fourniſſent auſſi des preuves pareilles; Car ils ont hérité de lui,

a Paſquier recherches de la France page 990.au pour parler du Prince.
b Sapience de Philon ch. 8. v. 13.

PREFACE.

lui ce prétieux avantage d'estre regardez comme les prudents de la terre. Frideric Guillaume le grand de glorieuse & de triomphante mémoire, n'a-t-il pas eû ce thresor qui ne défaut jamais, *a* il s'est montré benin en la multitude, & vaillant dans la bataille ; Les Rois redoutables ayans oui parler de lui l'ont craint *d*.

Et enfin on peut dire, que Frideric Troisiéme regnant heureusement, pour le bon-heur, & pour l'affermissement d'un grand Peuple est la prudence vivante & animée. *c* Par elle, il est en admiration aux puissants, il à gloire entre les Peuples, & honneur par devers les anciens encore qu'il soit jeune.

Cette prudence a jetté depuis long-tems des racines si vives & si profondes dans cette illustre Maison, qu'on ne peut pas douter qu'elle n'y soit à toûjours une Colomne ferme & inébranlable, & qu'elle n'y soit un de ses plus plus précieux ornemens.

Mille exemples contraires, que nous pourrions alléguer justifieroient, que les Souverains qui ont manqué de pru

* 2

den-

a Sapience de Philon ch. 7, v. 14.
b Ibidem ch. 8. v. 15.
c Ibidem ch. 8. v. 10. & 11.

PREFACE.

dence, n'ont pas seulement souffert du mépris, pendant leur vie, *a* mais qu'ils ont laissé aux vivans le souvenir de leurs folies.

Mais contentons nous de dire, que la bonne morale des Souverains, fait consister la grandeur des Rois à bien Régir leurs Peuples, & à commander absolument à leurs propres passions: Elle ne juge pas, que confier au hazard le sort d'un Etat, ou suivre témérairement des Conseils que l'on à recû sans discernement, soit une conduite loüable.

La révocation de l'Edit de Nantes, & la violence injuste que l'on exerce en France contre les Réformez, exposent le Royaume aux caprices d'un hazard aveugle, qui paroit avoir plus de penchant à le diviser & à le perdre, qu'à l'unir plus étroitement par la profession d'une même Religion.

Ceux qui ont suggéré cét avis au Roy, sont les Ennemis irréconciliables, & connus de tout tems pour tels, de ceux contre lesquels on agit avec tant de rigueur.

Nous sommes surpris que Loüis XIV. qui avoit régné si glorieusement jusqu'alors, & dans la plûpart des

actions

Ibidem ch. 10. v. 8.

PREFACE.

actions duquel il avoit paru tant de prudence, n'ait pas fait de justes réflexions ; Nous ne dirons pas sur toutes les raisons que nous avons alleguées pour nôtre deffense, & pour la conservation de nôtre liberté, mais au moins sur le faux raisonnement par lequel nos ennemis l'ont préoccupé contre nous & l'ont porté à résoudre & à ordonner nôtre ruine.

Ils lui ont dit, que nôtre Religion ne s'estoit établie dans son Royaume, que par la force ; Que nous n'avions obtenu l'Edit de Nantes que les armes à la main ; Qu'a présent que la force étoit de son côté, il estoit juste de nous détruire.

Plusieurs Protestans *a* ont fait voir avec autant d'evidence & de clarté, que si leurs raisons étoient écrites avec un Rayon du Soleil, que ces faits sont faux & calomnieux, cependant puis que le Roi les à bien voulu croire, que n'en tiroit-il au moins cette conséquence, honnorable à sa personne & utile à son Etat; Que l'Edit de Nantes l'ayant rendu puissant, & ayant rendu son Royaume fleurissant, il ne devoit pas se servir de cette puissance

* 3

ni

a Depuis peu Mr. Fetison Ministre de Mr. le Général de Briquemault à Lipstat.

PREFACE.

ni de cette force pour révoquer & pou annuller cêt Edit; Il le devoit chérir comme la cause de la Grandeur où il est , & du bon heur dont ses Peuples jouissent.

Sans doute s'il eût fait cette réflexion , il n'eût pas eû des sentimens d'honneur & de pieté moindres que les Payens mêmes qui condamnent & qui blâment ceux qui outragent , ou qui font la moindre injure à ceux qui leur ont fait du bien ; *a* qui seroit l'insensé, disent-ils , qui voudroit attaquer son bien faiteur ? Y-à-t il homme assez furieux pour attenter à l'Autheur de sa fortune.

Henri IV. *Prie Dieu*, dans la Pré-
,, face de l'Edit de Nantes , qu'il fasse
,, la grace à ses sujets de bien compren-
,, dre (comme il le comprend lui mê-
,, me) qu'en l'observation de cét Edit
,, consiste le principal fondement de
,, leur union, & concorde, tranqui-
,, lité & repos , & du rétablissement
,, de tout l'Estat en sa premiere splen-
deur, opulence & force.

Le Roi avouë lui - même dans la Préface de l'Edit de révocation de celui de Nantes. Que Loüis le juste son Seigneur & Pere accorda encore

(aux

a Oraison de Cic. pour Marcellus.

PREFACE.

(aux Réformez) un nouvel Edit à Nîmes au mois de Juillet 1629. *au moyen
duquel la tranquilité a de nouveau été
rétablie.*

Si le Roy eût confideré avec quelqu'application que de l'obfervation de
cét Edit dépendent fa force & fa puiffance, & la fplendeur de fon Royaume; Il eût apprehendé que la caufe
venant à ceffer, cette puiffance & cette fplendeur ne ceffaffent, auffi fuivant
cette maxime *a* qui dit, que la caufe venant à ceffer, l'effet ceffe auffi :
C'eftoit-là le légitime ufage qu'il devoit
faire de cette maxime, que nos Ennemis lui ont fi fouvent allégué, pour
luy perfuader qu'il eftoit en droit de
nous perdre.

Si le Roy eût eû quelqu'égard aux
avis des Rois fes Prédeceffeurs, qui
font appüiez fur des raifons folides,
& fur l'experience du paffé. Il eût
remarqué qu' Henry IV. dit, que le
repos de l'Etat dépend du repos de fes
Sujets Réformez, & de leur Union
avec les Catholiques Romains. Il eût
remarqué que Louis XIII. ayant
donné quelqu'atteinte aux Edits

* 4

de

---

a Ceffante caufa ceffat & effectus, l. 3.
eod. de Epifc. & Cleric. &c.

PREFACE.

de Pacification le Royaume commen-
çoit à se diviser : Les troubles commençoient à le ruiner : De sorte que
pour prévenir sa ruine entiere ; il fut
obligé de donner l'Edit de Nîmes
pour reméde à la playe qu'il venoit
de faire à son Etat, duquel il vit incontinent l'effet salutaire : Car *a* dit
le Roy Régnant au moyen de cét Edit,
la tranquilité fut de nouveau rétablie.

En un mot, il eut appris, que sa
gloire & son repos sont enfermez dans
la Conservation des Réformez en Paix,
& que de leur salut dépend celuy du
Royaume.

Nous ne croyons pas que le Roy
ayt méprisé ces Avis, ni qu'il n'ait pû
en faire l'usage qu'il falloit. A Dieu
ne plaise que nous ayons des sentimens
si injustes & si injurieux à sa Majesté.

Mais nous croyons que le Clergé
de son Royaume l'a surpris, en luy
faisant entendre, *b* qu'il devoit être
plus liberal de ses graces & de ses faveurs

a Dans la Préface dé l'Edit de Révocation
de celui de Nantes page 4.
b Remont. du Clergé de France faite au Roi,
la Reine sa Mere présente le 2. Avril,
1656, par Mgr. l'Illustriss. & Reverend.
Louïs.Henri de Gondrin Archev. de Sens, as-
sisté de Mgr. le Cardinal Mazarin &c.

veurs aux Succeſſeurs des Apôtres, aux Princes de l'Egliſe , qui ſont établis par Jeſus Chriſt pour gouverner les ames de ſes Sujets : & à qui les Roys ſes Prédeceſſeurs ont toûjours porté une révérence trés particuliere. Qu'à des Religionnaires qui ont porté le fer & le feu dans toutes les Provinces de ſon Etat ; Qu'il devoit tâcher de jetter hors de ſon Royaume la ſémence de ces Diviſions & de ces Troubles : Que le moyen de détruire ces gens là , ſans exciter des troubles, c'eſtoit de les humilier en les éloignant des dignitez & des honneurs de ſon Royaume.

Cét avis pernicieux ayant été mis en uſage , & les Réformez n'étans plus , ni beaucoup de Nobles , ni beaucoup de forts ſelon la chair , les Catholiques Romains leur ont fait mille vexations, lors qu'ils ont voulu en porter leurs juſtes plaintes au Roy, ou à ſes Officiers avec toute l'humilité qui ſe peut imaginer. Les Riches qui poſſédoient la faveur du Roy , à qui il avoit confié ſon authorité, rebutoient ces pauvres Réformez , ils ne leur répondoient que des paroles rudes, a & bien loin de leur faire la

* 5

moin-

a Proverbes ch. 18. v. 23.

PREFACE.

moindre juftice , ils leur faifoient des outrages & des torts fignalez , *a* Et foit que les Réformez les fupportaffent avec patience, ou qu'ils en murmuraffent , on les puniffoit comme des mutins, ou comme des féditieux. On faifoit des Informations Contr'eux , comme fi on en eût eû de grands fujets : On les portoit en Cour, & fouvent aprés avoir efté battus , calomniez ou depoüillez de leurs biens ou de leurs Droits, ils eftoient contraints de demander pardon, de baifer la main ennemie qui les meurtriffoit, & de fupplier avec ardeur qu'on leur laiffât les petis Priviléges qui leur reftoient, ou plûtôt le peu de liberté qu'ils avoient de fubfifter en France.

L'Injuftice & la malice ont efté pouffées bien plus loin ; On ne s'eft pas contenté de rendre les Réformez mé-

a Dicere fi tentes aliquid tacitufve recedas
Tantum dein eft : feriunt parirer. Vadimonia deinde
Irati faciunt : libertas pauperis hæc eft.
Pulfatus rogat, & pugnis concifus adorat,
Ut liceat paucis cum dentibus inde reverti. *Juven. Satyr.* 3.

PREFACE.

méprifables dans le monde, ni odieux
au Roy ; On a voulu les faire paffer pour criminels, Sire, ont - ils dit
,, au Roy : *a* La douleur que l'E-
,, glife reſſent dans la Perſécution de
,, ſes Ennemis n'eſt pas capable de lui
,, faire perdre ce rang de gloire, qui
,, a toûjours eſté vénerable aux plus
,, grands Roys.... C'eſt pourquoi Si-
,, re, encore que nous ſoyons obligez
,, de repréſenter à Vôtre Majeſté le tri-
,, ſte état de cette Mere affligée, &
,, d'expoſer à ſes yeux les playes pro-
,, fondes qui luy ſont faites tous les
,, jours par la violence de ceux de la
,. prétenduë Religion Réformée. Nous
,, parlons ..... l'Eglife aprés avoir
,, gémi long-tems dans le cœur de ſes
,, Prélats, qui ſont ſes Peres, & dans
,, celui de tous les fidéles qui ſont ſes en-
,, fans, ne peut plus retenir ſes plain-
,, tes ; Et elle emprunte le Miniſtére
,, de ma parole ; Ou pour mieux dire,
,, elle met dans ma bouche la parole
,' de ſon Epoux, afin de chercher dans
,, cette grande oppreſſion quelqu'au-
,, tres ſoulagement que celuy de ſes ſoû-
,, pirs & de ſes larmes.
,, Ils ont tâché (comme ils le di-
* 6 fent)

a Dans la harangue de Mr. l'Archevefque
de Sens cideſſus cottée.

PREFACE.

,, fent) *a* d'exciter une fainte com-
,, paffion dans l'Ame Royale, par les
,, confiderations de tant de bleffures
,, qu'ils difent que l'Eglife a reçûës, Ils
,, ont tâché d'exciter le Roy à effuier
,, par fon authorité puiffante toutes les
,, larmes de fang qui coulent avec a-
,, bondance des yeux de l'Epoufe de
,, Jefus Chrift.

Et dans 'e tems même que ces pauvres Réformez foûpiroient & gémif-
foient ; Qu'ils eftoient dans une oppreffion cruelle, que l'on démolliffoit leurs
Temples en plufieurs endroits du Royaume, le Clergé donna une Requê-
,, te au Roy, *b* fe plaignit à luy, de ce
,, que les Miniftres & les Ecrivains de
,, la Religion Prétenduë Réformée
,, tâchent de noircir la pureté de la foy
,, de l'Eglife Catholique par de cruelles
,, injures , & par des calomnies atro-
,, ces ; s'il n'eftoit queftion , (difent,
,, ils dans cette Requefte) que de nos
,, perfonnes en particulier, nous ne pa-
roî-

a Dans la harangue de Mr. l'Archevefque de Sens cideffus cottée.

b Plainte de l'Affemblée Générale du
Clergé de France, portée au Roy par le
Clergé en Corps le 14 Juillet 1685, à Paris
de l'Imprimerie de Frideric Leonard &c.
avec Privilége du Roy.

PREFACE.

,, roîtrions pas Sire, pour porter nos
,, plaintes à Vôtre Majesté, & pour
,, obtenir de sa justice & de sa puissan-
,, la Réparation des injures que les
,, Ministres nous disent continuellement
,, dans leurs libelles ; Au contraire le
,, Clergé seroit ravi de leur pouvoir
,, témoigner par sa patience, & par
,, l'oubli volontaire des outrages qu'ils
,, luy font, la Charité sincére qu'il a
,, pour eux : Mais nous ne pouvons
,, pas négliger l'honneur de l'Eglise
,, nôtre Mere, que les Ministres atta-
,, quent par leurs calomnies.

Sur cette Requeste ils obtiennent du
Roy un Edit *a* sans que les Réformez
ayent esté oüis, par lequel le Roy, a-
,, nimé par les faux rapports de son
,, Clergé, dit, Qu'il doit suffire a des
,, Ministres d'une Religion tolerée dans
,, son Royaume par les Edits des Rois
,, ses Prédecesseurs, & par les siens
,, d'en enseigner les Dogmes, sans s'é-
,, lever par des disputes contre la vé-
,, ritable Religion, dont il fait pro-

fes-

a Edit Du Roy pour empescher les calomnies que les Ministres & autres personnes de la R.P.R. contre la R.C.A. & Rom.
régistré en Parlement le 23. Aoust 1685,
imprimé à Paris chez François Muguet,
avec Privilége de S.M.

PREFACE.

„ feffion. Il fait deffenfes aux Miniftres,
„ & à toutes perfonnes de quelque
„ qualité & condition qu'elles foyent
„ de prefcher & de compofer aucuns
„ livres contre la foy & la Doctrine
„ de la R. C. A. & Romaine ; Il fait
„ deffences auxdits Miniftres & à tous
„ autres de faire imprimer aucun livre
„ concernant la Religion , ordonne
„ que tous ceux qui ont efté faits juf-
„ qu'alors contre la R. C. feront fup-
„ primez.

Lors qu'ils l'ont vû outré de colére
contre les Réformez , ils luy ont fait
entendre, *a* qu'il luy eftoit aifé de fe
deffaire de ces gens là , & d'extirper
l'hérefie de fon Royaume ; Que les
Rois fes Prédeceffeurs n'ont permis
l'exercice de cette Religion P. R. que
par provifion feulement dans le malheur des tems , & pour des raifons
qui ne fubfiftent plus ; que fa Couronne n'eft plus chancelante ; que dans
l'état floriffant où fa valeur & fa fageffe ont mis fon Royaume ; il peut révoquer les Edits qui contiennent cette
permiffion.

„ Pardonnez à ma témérité Sire ,
(di-

a Requefte au Roy page 8.

PREFACE.

,, (difent-ils) *a* fi j'ofe ici rappeller
,, les noms , & faire revivre la mé-
,, moire de vos Prédeceffeurs , qui tout
,, victorieux & tout invincibles qu'ils
,, ont efté, ont pourtant vû leurs loix
,, prefque toûjours inutiles ; leurs ar-
,, mes prefque toûjours impuiffantes ,
,, pour étouffer , & pour abbatre ce
,, monftre de l'hérefie , s'ils revenoient
,, aujourd'huy fur la terre, quel fenti-
,, ment leur viendroit-il ? Seroit-ce de
,, joye de trouver un changement fi
,, heureux & fi furprenant ? Seroit-ce
,, de jaloufie ? De voir que que vous
,, feul en fi peu de tems avez prefque
,, achevé, ce que tous enfemble avoient
,, fi peu avancé dans l'efpace de tant
d'années. Cette gloire , difent-ils, lui
eftoit refervée, flatterie à-peu-prés pareille à celle d'un Pefcheur qui appor-
toit un Turbot, (qui eft un grand poif-
fon) à l'Empereur Domitien , & qui
lui en faifoit préfent : Mangez , luy
dit-il ce Turbot qui depuis plufieurs
années a efté gardé jufques à vous &
qui

a Harangue faite à Verfailles au Roy
en l'année 1685. le 14 Juillet par M, de
Cofnac Evefque & Comte de Valence &
Die , affifté des Archevefques &c. imprimée à Paris avec Privilége du Roy par Fre-
deric Leonard, pages 6. & 7.

PREFACE.

qui s'eſt bien voulu laiſſer prendre ; *a*
Flaterie dont un Poëte Payen ſe moque comme d'une impertinence ridi-
cule. Ils félicitent le Roy de ce qu'il
a relevé la Religion Catholique. Ils
le remercient de ce qu'ayant trouvé
l'Egliſe de France oppreſſée , il l'a
renduë l'admiration des autres Egliſes;
De ce qu'il eſt le Reſtaurateur de la
foy & l'Exterminateur de l'héreſie;
Diſcours à-peu pres pareil à celui que
Tertule accuſant injuſtement S. Paul,
fit autrefois à Felix Gouverneur de la
Judée. Trés-excellent Felix , nous re-
connoiſſons en tout & par tout avec
remerciment , que nous avons obtenu
une grande Paix par toy & par les bonnes ordonnances que tu as dreſſées en
ce Peuple ſelon ta pourvoiance. Ils
luy font entendre qu'il eſt parvenu à un
ſi haut dégré de puiſſance , que ſon
authorité eſt ſi pleine & ſi affermie,
que non ſeulement il peut extirper l'héreſie dans ſon Royaume ; Mais que
,, même l'Angleterre eſt ſur le point
,, de luy offrir une des plus glorieuſes
,, occaſions qu'elle puiſſe déſirer ,. le
,, plus triomphant luy diſent-ils , le
plus

a Et tua ſervatum conſume in ſecula
Rhombum
Ipſe capi voluit. *Juven.Sat.* 4.

,, plus hardi ; Le plus grand de tous les
,, Monarques de l'univers , Avant que
,, le ciel eût donné vôtre Majesté à la
,, terre ; souhaittoit pour comble de
,, bonheür de rencontrer une fois en sa
,, vie un peril digne de lui ; Le Roi
,, d'Angleterre par le besoin qu'il aura
,, du secours & de l'appui de vos ar-
,, mes pour le maintenir dans la Reli-
,, gion Catholique, vous fera bien-tôt
,, trouver une protection digne de vous

Et enfin, ils le pressent à terminer
ce grand ouvrage , qui êtoit reservé
pour lui. Que reste-t-il à désirer, (disent ils encores) sinon qu'une saison si
belle , soit d'une éternelle durée ; Qu'un
ouvrage si heureusement avancé, soit
mis dans une entiére perfection. Et
pour l'encourager, ils ajoütent ces pa-
rolles ; Quel succés ne devons nous pas
espérer d'un Protecteur qui en si peu
de tems a mis tant d'ames dans nôtre
Parti ? Que ne pouvons nous pas nous
promettre d'un Prince , qui n'a jamais
rien entrepris dont le succés ne lui ayt
été favorable.

Tous ces discours flateurs ont toûjours eû leur but qui à été de nous
perdre, mais nos ennemis ne l'ont pas
découvert au Roi ; Au contraire, toutes leurs plaintes , si on les en croit,

ne

PREFACE.

ne sont fondées , que sur des contraventions qu'ils prétendent que les Réformez ont fait aux Edits de pacification. Ils ne demandent, disent ils, autre chose, si non que ces Edits soient observez ; Que l'honneur de lEglise ne reçoive point de diminution ; Et que l'authorité du Roi ne soit point mesprisée.

Les paroles de ces flatteurs, ont êté *a* comme de ceux qui ne font pas semblant d'y toucher , mais qui sont descenduës jusqu'au dedans du ventre ; C'est à dire de l'esprit & du cœur

Ils ont usé d'addresse & de souplesse pour insinuer leur venin ; Soit en faisant semblant d'être máris, que les choses qu'ils rapportoient au Roi par Calomnies fu'ent arrivées , soit en assûrant qu'on ne devoit pas attribuer les rapports ou les plaintes qu'ils faisoient, à aucun dessein qu'ils eussent de faire tort aux Réformez, mais seulement à la nécessité qu'il y avoit de les faire ; Soit en faisant semblant d'avoir beaucoup à souffrir pour les intérêts du Roi & de sa Religion , afin d'exciter le Roi à compassion , d'obtenir plus de créance en son esprit, & l'exciter plus subtilement contre les Réformez.

Par

a Proverbes ch. 18. v. 8.

PREFACE.

Par ces rufes & par ces fineffes; **Ils**
ont fait en forte que leurs difcours font
defcendus jufqu'au dedans du ventre,
comme l'Ecriture Sainte s'exprime;
C'eft à dire, qu'ils ont percé le cœur
& l'ame du Roi, pour y verfer la haine & l'averfion contre les Réformez.

C'eft ainfi qu'ils ont furpris le Roi;
Qu'ils ont étouffe les bons fe. timens
que les avis de fes Prédéceffeurs, euffent pû faire n'aître en lui, s'ils n'eût
pas été prévenu.

Une taye *a* devant les yeux n'ôte
point la veuë, à moins qu'elle ne foit
endurcie; mais en fe formant elle commence déja à la troubler.

La taye que le Roi a devant les
yeux, produite par les malignes & par
les fauffes impreffions que le Clergé
leur a donné commence à fe former;
C'eft cette taye qui lui à fait faire une
fauffe démarche en revoquant l'Edit de
Nantes. Avant qu'elle foit endurcie,
& que les malheurs qui fuivront infailliblement la révocation de cét Edit
foient arrivez. Nous eftimons que c'eft
une chofe jufte de l'éveiller par aver-
tiffement *b*.

Peut-

a Seneque fe fert de cette comparaifon
Epit. 85.

b 2. Epit. de S. Pierre ch. 1. v. 13.

PREFACE.

Peut-être que le soin que nous prenons, ne plaira pas, & que nos avis donneront d'abord quelque chagrin ; Mais
nous espérons que ce chagrin sera pareil à celui que reçurent autrefois les
Corinthiens à la Lecture d'une Epître
que St. Paul *a* leur avoit écrit ; C'est
à-dire, que nous espérons que nos réflexions & nos avis causeront une tri-
stesse selon Dieu, qui produira une re-
pentance à salut, dont on ne se repent
jamais ; Et qu'ainsi personne ne sera en-
dommagé de par nous.

Nous ne faisons rien, qui ne nous
doive être permis ; Nous examinons la
révocation de l'Edit de Nantes, &
quelques Déclarations qu'on à donné
depuis contre nous ; Il n'y à point de
Loy dit Tertulien. *b* Qui ne permet-
te d'examiner ce qu'elle condamne ;
Il ne suffit pas dit il, que la Loy soit
bonne en elle même, il faut qu'elle
fasse connoître sa justice, à ceux qu'elle veut obliger à lui obéir. Celle là
est

a 2 Cor. ch. 7. v. 9.
b Nulla lex vetat discuti quod prohibet
admitti. Nulla lex sibi soli, conscientiam
justitiæ suæ debet sed eis a quibus obsequium
expectat. Cæterum suspecta lex est quæ
probari se non vult : Improba autem, si
non probata dominetur. Apolog. Cap. 4.

PREFACE.

est suspecte, qui ne veut pas que l'on
considére si elle juste ; Et celle qui veut
Régner absolument, & qui ne peut
donner aucunes marques de son équité,
ne peut-être que méchante. Le Roy
lui même nous paroit être dans ce sentiment, lors qu'il dit qu'il ne veut pas
imiter l'exemple de Philippe II. Roi
d'Espagne ; qui pour toute raison de
son entreprise sur le Royaume de Portugal, se contentoit de dire qu'il connoissoit la justice de ses prétentions, &
que les Rois n'avoient point d'autre
Tribunal sur la terre que celui de leur
conscience. Toute cause (dit Louis
XIV.) qu'on refuse d'eclaircir se rend
suspecte, & il n'y a point de Sceptre
qu'il voulut acquerir au prix de sa réputation *a*.

Si nos expressions sont trop fortes,
ou nos sentiments trop outrez au gré de
quelques uns, on ne doit pas les attribuer à une irrévérence, ni les condamner comme si elles en procédoient.

St. Chrisostome remarque que les
Ministres qui intercédoient autrefois
envers les juges, pour quelqu'un de

ceux

a Traité des droits de la Reyne T.C.
sur divers Etats de la Monarchie d'Espagne.
Imp. à Paris. de l'Imprim. Royalle 1667.
page 19.

PREFACE.

ceux qui avoient enfreint les ftatuts de l'Empereur, *a* parloient fort librement, avec beaucoup de force & de hardieſſe, lors qu'ils voioient que ces juges avoient de la peine à ſe laiſſer fléchir ; Mais que dés qu'ils avoient accordé la grace qu'on leur demandoit, ces Miniſtres ſe jettoient par terre & leurs baiſoient les mains & les pieds ; Ils montroyent par ces deux différentes actions, qu'ils avoient beaucoup de courage, & beaucoup de reſpect.

On ne pouvoit pas les accuſer d'impudence, leur humilité en baiſant les genoux des juges les juſtifioit à cét égard ; On ne pouvoit pas les accuſer de foibleſſe d'eſprit, ni de baſſeſſe, quoi qu'ils s'humiliaſſent ; Leur premiere hardieſſe convenable à leur Miniſtére les mettoit à couvert de cette accuſation.

Nous ne manquons pas de reſpect pour ceux à qui nous en devons ; Nous ſouhaittons de tout nôtre cœur qu'il nous ſoit permis de les approcher un jour, afin de leur donner des marques de nôtre profonde ſoûmiſſion. Nous qui parlons aujourd'hui pour un grand Peuple Innocent, qui ne peut eſtre convaincu d'avoir contrevenu aux Statuts

a Hom. 17. ad popul. Antioch.

tuts de leur Empéreur ; Et qui emplo-
ions toute la force de nôtre raiſon pour
fléchir ceux qui les oppriment , nous
proſternerions à leurs pieds , nous bai-
ſerions leurs mains & leurs genoux s'ils
ſe rendoient flexibles à nos Remon-
ſtrances , à nos Prieres , & aux larmes
que nous employons pour les vaincre.

AVERTISSEMENT.

IL nous eſt tombé entre les mains
un traitté qui a pour titre l'Ir-
révocabilité de l'Edit de Nantes
prouvée par les Principes du
Droit & de la Politique. *Nous*
l'avont vû pendant que nous tra-
vaillions à ce petit ouvrage que
nous donnons au public ; Il n'a
pas interrompu le Cours de nôtre
travail, il ne nous a pas détourné
du deſſein que nous avions de
traitter le même ſujet ; Non pas
que nous n'eſtimions cét ouvrage,
qui eſt trés-bon, trés-fort & trés-
ſolide, mais parce que l'Autheur
traitte les matieres avec un grand
froid

froid, & d'une maniere fort ab-
straitte ; Et nous au contraire les
traitants par rapport aux circon-
stances du tems où nous sommes,
& aux conjonctures présentes, nous
employons plus de force ; L'Autheur de ce traitté est apparemment dans un Païs tranquile,
mais nous qui sommes depuis plusieurs mois dans l'agitation, &
qui voyons sous nos yeux des grandes révolutions causées par les mé-
mes Conseils qui ont excité la
France contre nous. Il nous est
impossible de garder la mesme
modération que lui ; D'ailleurs
nous entreprenons de faire voir
qu'il est nécessaire de rétablir l'E-
dit de Nantes, ce qu'il n'a pas
fait.

LA FRANCE
INTERESSÉE

à rétablir

L'EDIT
DE NANTES.

Deſſein & Diviſion de l'Ou-
vrage.

Saint Ambroiſe écrivit autrefois à
l'Empereur Théodoſe qu'il y avoit
cette différence entre les bons &
les mauvais Princes; Que les uns vouloient des Sujets libres, & les autres
ne ſouffroient que des Eſclaves; Que
pour luy, il aimoit mieux paſſer pour
importun, que pour lâche & pour inutile, lorſqu'il s'agiſſoit de la gloire
de Dieu & du ſalut de ſon Empereur;
Qu'à la verité il le reconnoiſſoit pour

A un

un Prince pieux & craignant Dieu; Mais que les plus pieux se laissoient quelquefois prévenir par un zéle indiscret, & par une fausse Idée de la Justice, (a) Qu'il étoit redevable à Sa Majesté d'une infinité de graces qu'il en avoit receuës, & que ce seroit une cruelle ingratitude de laisser faillir son bienfaiteur par une indigne complaisance.

Ce sont là nos sentiments à l'égard du Roy, & ce sont des motifs à peu prés pareils qui nous obligent à faire voir, 1. Que le Clergé l'a trompé, & que son honneur & le bien de son Etat l'obligent à rétablir l'Edit de Nantes.

2. Qu'il ne doit pas craindre d'en être empêché par ses Sujets Cath. Rom. parce qu'ils n'en doivent pas approuver la Révocation.

3. Et principalement parce qu'ils ont un tres-grand interêt à ce qu'il soit promptement rétabli.

Lors que nôtre Sujet nous obligera à nous servir d'expressions fortes, nous protestons que nous ne les employerons que contre les Conseillers Infidéles du Roy qui l'environnent; Si nos traits où nos fléches atteignent quel-

a · Fallit enim vitium specie virtutis & umbra. *Juven. Satyr.* 14.

quelquesfois la personne Sacrée de Sa
Majesté, ce sera contre nôtre intention
& malgré nous, parce qu'il sera impossible de percer les Serpents qui l'environnent sans effleurer le Corps auquel ils sont attachez.

PREMIERE PARTIE

Dans laquelle on fait voir, que l'honneur du Roy, & le bien de fon Etat, l'obligent à rétablir promptement l'Edit de Nantes.

CHAPITRE PREMIER.

ARGUMENT.

Comment les Jurifconfultes & les Canoniftes definiffent l'Accord, la Loy & la Régle. Que l'Edit de Nantes étoit felon eux un Accord, une Loy & une Régle. Que cependant cét Edit eft renverfé ; Que ce renverfement eft condamné par les Loix ; Diftinction du Clergé à cét égard. Refutation de cette diftinction.

LEs Jurifconfultes difent, (a) Que les Pactions ou Accords font un confentement unanime de deux ou de plufieurs perfonnes.

Ils tirent l'origine du mot Paix, de celuy

a L. I. Dig. de pactis.

celuy de l'action, (*a*). parce que le consentement unanime qui est l'essence de la Paction produit toûjours infailliblement la Paix, & conserve une tranquilité parfaite à ceux qui sont dans cette union de sentiments.

Qu'y a-t-il disent ils, (*b*) de plus convenable à la foy que la raison a établi entre les hommes, & qui est le lien de la Societé, que de garder la parole, & d'executer sa promesse, & ce dont on est convenu ?

La Loi est à leur avis (*c*) un Précepte général, un Conseil de gens éclairez, donné pour la punition des crimes qui se commettent, ou par dessein prémedité, ou par ignorance ; c'est le rempart des foibles contre les puissans ; Elle est encore (& principalement) la sureté commune de la Republique.

Les Loix sont données, disent les Canonistes (*d*) afin que les bons & que l'innocence soient en sureté parmy

A 3

les

(*a*) Pactum autem à pactione dicitur inde etiam pacis nomen appellatum est. L. I. Dig. de Pactis. *b*. Quid enim tam congruum fidei humanæ quam ea quæ inter eos placuerunt servare ? ibid. *c* L. I. Dig. de leg. Senatus-Consf. & longa consuetud. *d*. Decret. prima pars, distinct. 4. c. 1.

les méchants , & afin que l'infolence des hommes foit reprimée ; & que la crainte du fupplice foit un frein , à ceux qui ont un penchant naturel à nuire aux autres , qui les empêche de fuivre leur inclination vitieufe.

Ils difent enfin , que la Régle eft prefcrite , afin que chacun fache ce qu'il a à faire , & comment il le doit faire ; Ils difent qu'elle eft ainfi appellée Régle , (a) parce qu'elle meine droit , & qu'elle ne fe détourne jamais en aucune maniere , ou parce qu'elle arrête , & qu'elle ordonne ; ou parce qu'elle montre une maniere de bien vivre , ou parce qu'elle corrige ce qui n'eft pas droit , & ce qui eft dépravé.

L'Edit de Nantes étoit une Faction , c'eftoit un Accord , la Préface qui le précéde dit , ,, Qu'il a été don-
,, né aprés avoir repris les Cahiers des
,, plaintes des Catholiques Rom. &
,, ceux des Deputez des Reformez ;
,, & aprés avoir fur ce fait conferé
,, avec eux par diverfes fois ; Cét Edit
étoit

a. Regula dicta eft eò quod rectè ducit, nec aliquando aliorsùm trahit. Alii dixerunt regulam dictam vel quod regat, vel quod normam rectè vivendi præbeat, vel quod diftortum pravumque corrigat. Decreti prima Pars, Diftinct.3.C.2.

étoit le Contenu de la réfolution qui fut prife unanimement par le Roy, par les Catholiques Romains , dans le Parti duquel nos Ennemis veulent qu'il ait été pour lors, & par les Réformez. Auffi de même que le mot Paix fe tire du mot Paction , nous avons vû , & nous fommes perfuadez, par l'experience , que la Paix & la tranquilité générale font nées de cét Edit , & qu'elles fe font repanduës par tout le Ro aume. Nos Ennemis mêmes en ont été toûjours pleinement convaincus ; Car ils l'ont appellé comme nous l'Edit de Pacification ; C'étoit proprement un Traitté de Paix, entre les Catholiques Romains & les Réformez:

Henri IV. reconnoiffant, non pas qu'il étoit jufte & néceffaire (pour lors, non feulement comme nos Ennemis le difent) de le donner : mais qu'il étoit jufte & néceffaire pour l'avenir de le maintenir & de le conferver. „ Donne à ce Traitté la force de Loy „ claire, nette & abfoluë , afin de le „ rendre plus inviolable à la pofterité. Cét Edit eft le Confeil fincere & falutaire de Henry IV. Roy fage & prudent s'il en fut jamais; „ Il aver„ tit tous les habitans du Royaume ,

A 4 „ qu'en

,, qu'en l'observation de cét Edit
,, confifte leur union & concorde,
,, tranquilité & repos , & le réta-
,, bliffement de tout l'Etat en fa pre-
,, miere fplendeur, opulence & force.
Il femble que ce foit un autre Saint
Paul, qui parle ou qui écrive aux E-
phéfiens , (a) *Cheminez tous , comme
il eft féant à des Concitoyens avec humilité & douceur , avec un efprit patient , vous fupportans l'un l'autre en
charité, étans foigneux de garder l'unité de l'efprit par le lien de la Paix,
jufques à ce que nous nous rencontrions
tous en l'unité de la foy & de la con-
noiffance du Fils de Dieu. (b)*

Cét Edit étoit le Confeil fidéle de
gens éclairez , favoir des Princes du
fang, des autres Princes & Officiers de
la Couronne & des autres grands
& notables Perfonnages du Confeil
d'Etat, lefquels aprés avoir bien &
diligemment pefé & confideré toute
l'affaire, ont été d'avis que cette Loy
fut renduë Perpetuelle & Irrévoca-
ble.

Il a été donné pour être la fureté
Publique de tous les habitans du Royaume, tant de l'une, que de l'autre
Religion , pour être aux zélez indif-
crets,

a. Ch. 4. v. 2. & 3.   b. ibid. v. 13.

crets , aux Broüillons , ou à ceux qui
euſſent eu quelque penchant à nuire
à ceux du Parti contraire , un frein,
qui les empêchât de ſuivre leur inclination vitieuſe.

Enfin l'Edit de Nantes étoit une
Régle qui preſcrivoit , qui fixoit, &
qui ordonnoit à chaque Parti ce qu'il
devoit faire , comment il ſe devoit
conduire , & qui les ménoit tous deux
droit au but , auquel tous bons Princes doivent viſer ; c'eſt à dire à l'union
& à la Paix.

„ Henri IV. dit , dans la Préface de
„ cét Edit , qu'il veut que Dieu ſoit
„ adoré par tous ſes ſujets, & il leur
„ preſcrit une telle régle qu'il n'y ait
„ point pour cela de trouble ni de tu-
„ multe entr'eux.

Cependant cét Edit, qui étoit une
Paction, un Accord, un Traitté de Paix ,
une Loi claire , nette & abſoluë, une
Régle ; eſt deſtruit & renverſé.   On
ſappe le fondement de L'union & de
la Paix.   On apporte la diviſion & le
trouble dans le Royaume ; On ôte le
frein qui empéchoit que les meſchans
& les broüillons ne ſuiviſſent leur inclination vicieuſe & ne fiſſent injure
aux perſonnes paiſibles & vertueuſes,
puis que les fondemens ſont ruinez que

A 5   fera

fera le juste. (*a*) On a fait pis encore ;
On a authorisé & commandé que le
plus fort opprimât le plus foible ; Quel
jugement les Loix prononcent elles,
contre ceux qui agissent ainsi ?

Nos ennemis convaincus par la force
de la verité, avoüent qu'un particulier,
qui auroit commis toutes ces actions,
seroit criminel, qu'il seroit punissable,
comme un Infracteur de Paix, & un
Perturbateur du repos public ; Mais ils
les attribuent faussement au Roy & ils
disent que ce qui seroit un crime à un
Particulier qui est soûmis à la Loi,
n'en est pas un à un Souverain, parce
qu'il est au dessus de la Loi : Que suivant ce principe Loüis XIV. êtant
grand, puissant & redoutable comme
il est, sa volonté doit être la seule Loi
à laquelle il faut obeïr avec un pro-
fond respect ; Et que c'est à sa parole
qu'il faut trembler.

Vous diriez à entendre raisonner
nos Ennemis, qu'il n'y ayt que les particuliers ou le peuple qui soient obligez d'avoir de la bonne foy & de la probité ; & qu'il est au dessous des grands
de garder quelque Régle.

S'il y avoit quelque particulier qui
commit de telles actions, ils le con-
dam-

a Pſ. 11. verſ. 3.

damneroient comme coupable , comme Infracteur de Paix , & comme
Perturbateur du repos public ; Mais ils
excusént les fautes & les crimes que l es
Princes commettent ; Ce ne sont disent-ils que des effets de leur politique
& de leur adresse. (*a*) Ce qui seroit hon-
teux à un Savetier , siera bien à leur
avis aux Volesiens & aux descendans
de Brutus ; C'est ainsi qu'un Payen condamne (*b*) par une raillerie piquante &
satyrique quelques vicieux de son tems,
qui avoient un sentiment pareil à celui
que le Clergé nous debite aujourd'huy.

Ce Payen se moque de l'Injustice
qui régnoit de son tems sur la terre , &
même de celle que ses faux Dieux com-
mettoient (*c*). L'un dit-il remporte

A 6

une

a   Hæc tamen illi
Omnia cùm faciant hilares nitidique vo-
cantur. *Juv. Satyr.* 11.

b Quid facias talem sortitus Pontice
Servum ?
Nempe in Lucanos aut Thusca ergastula
mittas.
At vos Trojugenæ vobis ignoscitis & quæ
Turpia cerdoni Volesos Brutosque dece-
bunt. *Juv. Satyr.* 8.

c   Multi
Committunt eadem diverso crimina fato
Ille crucem pretium tulit, hic Diadema.
Juven. Satyr. 13.

une croix pour le prix de ſon crime, &
l'autre remporte un Diadéme : Il a
cette diſtinction ſi fort en horreur qu'il
la blâme en differents endroits de ſes
Ecrits (a). Il eſt plus néceſſaire que
les Princes ſoient retenus par les Loix
que non pas leurs ſujets, parce que ces
premiers ayans la force en main, ils
renverſeroient la ſocieté civile ſi l'ambition dominoit en eux, ou s'ils avoient
l'eſprit de travers.

Tous les Princes ni tous les Souverains ne font pas cette diſtinction, à
Dieu ne plaiſe qu'ils la faſſent ; Ceux
qui mettent leurs forces & leur vie en
danger pour aller proteger un peuple
opprimé qui gemiſſoit ſous la domination d'un Prince qui flatté par le Clergé de ſon Royaume, s'imaginoit qu'il
étoit au deſſus de toutes les Loix ; Ceux
qui donnent au Protecteur du Peuple
& au Deffenſeur de leur liberté des ſecours de troupes & d'argent, pour rendre aux Loix mourantes la vigueur &
l'authorité qu'elles doivent avoir, &
non pas pour entreprendre une guerre
de Religion, comme nos Ennemis le
pu-

a Satyr. 4. depuis le verſ. 10. juſqu'au
15. Il condamne cette diſtiction qu'on faiſoit en faveur de l'Empereur Domitien.

publient fauſſement , & calomnieuſe-
ment dans le deſſein de les rendre
odieux , & d'exciter contr'eux la haine des autres Puiſſances de l'Europe,
font bien voir qu'ils ne font pas cette
diſtinction , & qu'ils ne l'approuvent
pas. Il n'y a que le Clergé de France
qui par intereſt foutienne cette pernicieuſe maxime que les Roys ſont au deſſus de la Loi, ils ſe ſont mis eux mêmes ſous le nom du Roy au deſſus de la
Loi ; Mais voyons s'ils ont pû , & s'ils
ont dû s'y mettre ; Et s'il eſt honorable
& avantageux à ſa Majeſté qu'ils s'y
ſoient mis comme ils ont fait.

CHAPITRE SECOND.

ARGUMENT.

Que les Roys ne sont pas au dessus de la Loy. Exception du Clergé à cette Régle. Refutation de cette exception. Sentimens des Payens sur ce sujet. Que cette exception attire des Ennemis au Roy. Qu'elle lui est injurieuse. Qu'elle lui fait tort d'ailleurs, en quoy & comment. En quel sens on peut dire légitimement que le Roy est au dessus de la Loi. Objections & reproches du Clergé.

LEs Roys que Dieu a etabli immédiatement, & qui devroient être les modèles de tous ceux qui régnent, & qui régneront sur la terre, écrivoient un Double de la Loi en un Livre aussi-tôt qu'ils étoient assis sur le trône, (*a*) ils retenoient ce Double, ils le lisoient tous les jours de leur vie, & prenoient garde à toutes les paroles de cette Loi, & à ses statuts pour les faire.

L'His-

a Deúteron· ch. 17. vers. 18. & 19.

L'Hiſtoire Sainte (*a*) nous aprend que tous les Roys qui ont gouverné le peuple de Dieu, ont à peu prés agi de cette maniére.

La Déclaration ſolemnelle que les Empereurs Théodoſe & Valentinien ont fait ſur ce ſujet, juſtifie que les Princes qui ont ſuccédé à ceux qui ont Régné ſous l'ancien Teſtament, ont pratiqué ſcrupuleuſement ces devoirs de la Royauté. (*b*) Ils ont crû qu'il êtoit ſi juſte & ſi néceſſaire de ſe ſoumettre aux Loix, qu'ils ne ſe ſont pas contentez de déclarer qu'ils vouloient eux-mêmes leur déférer & leur obeïr, ils ont donné la forme & l'authorité de Loi à leur Déclaration, & lui ont donné place parmi leurs conſtitutions & leurs ordonnances.

Et

a 1. Sam. ch. X. v. 25.   2. des Rois ch. 23. v. 2. & en une infinité d'autres endroits.

b Digna vox eſt majeſtate regnantis, legibus alligatum ſe principem profiteri : Adeò de Auctoritate juris noſtra pendet autoritas, & revera majus Imperio eſt, ſummittere legibus principatum. Et oraculo præſentis edicti quod nobis licere non patimur, aliis indicamus. *L. 4. Cod. de leg. & conſtitut. Prinpum.*

Et l'Empereur Justinien dit (*a*) qu'un Souverain doit s'appliquer avec soin à faire gouverner ses Etats par de bonnes Loix, à laisser vivre ses sujets surement & tranquilement sous l'autôrité de ses Loix ; & à les faire jouir de l'administration de la justice.

Les Canonistes qui font les Directeurs des Consciences de nos Ennemis , & qui ont plus de force & plus de crédit sur leur esprit que tous les Prophetes, les Evangelistes & les Apôtres ensemble font d'avis, (*b*) qu'il est néceflaire que les Roys se soumettent aux Loix.

Les Payens font aussi de cét avis, leurs sentimens sont plus conformes à l'Ecriture

ture

a Deo auspice hoc unum Imperatori, curæ sit, seu studio ut Provinciæ bonis legibus regantur tutòque habitentur atque præsidum justitia fruantur. *Nov. Constitut.* 149. C. 2. *& Nov.* 152. *in Princip.*

b Justum est principem legibus obtemperare suis, tunc enim jura sua ab omnibus custodienda existimet, quandô & ipse illis reverentiam præbet; Principes legibus teneri suis, nec in se convenit posse damnare jura quæ in subjectis constituunt. Justa est enim vocis eorum authoritas, si quod Populis prohibent sibi licere non patiantur. *Decret.* 1. *pars. Dist.* 9. *c.* 2.

ture Sainte, & plus conformes à toutes sortes de droits que les maximes que nos Ennemis debitent.

Ils croioient (*a*) qu'il ne leur étoit permis que de suivre la justice armée, & les raisons de l'équité, mais nullement les faveurs d'un plus heureux destin, c'est à dire qu'ils croioient qu'ils étoient obligez de se soumettre aux Loix, & de les prendre pour régles de leur conduite, & non pas qu'il leur fût permis de les violer, lors qu'ils étoient assez puissants, ou lors que l'esperance de quelque grand avantage les y sollicitoit; Ils disoient (*b*) qu'il n'y avoit que ceux qui observoient les Ordonnances des Anciens & qui obeïssoient aux Loix qui fussent gens de bien.

Leurs Anciens Dieux eux-mêmes obeïssoient aux destinées aprés les avoir fait.

„ Ces

---

a Phocais in dubiis ausa est servare juventus
Non Graja levitate fidem, signataque jura
Et causas, non fata, sequi. *Lucan.* lib. 3.

b — — — Vir bonus est quis?
Qui consulta Patrum, qui leges juraque servat *Horat.* lib 1. *Epist.* 16.

,, Ces Payens appelloient leurs Roys
,, (a) des Sages, des Loix vivantes,
,, fous l'autôrité defquels les violences
,, étoient retenües en bride, & les foi-
,, bles garentis de l'oppreffion des plus
,, forts, ils leurs confeilloient le bien,
,, & déconfeilloient le mal ; par leur
,, prudence ils pourvoioient aux nécef-
,, firez de ceux qui êtoient fous leur
,, charge ; par leur valeur ils les pre-
,, fervoient , fi quelque inconvenient
,, les menaçoit, & par leurs bien faits
,, augmentoient leurs richeffes ; C'é-
,, toit un office que commander , &
,, non pas une qualité ; Leur force ne
,, s'éprouvoit jamais contre ceux qui la
,, leur avoient donnée ; comme d'eux-
,, mêmes ils n'avoient point la volon-
,, té difpofée à mal faire, on ne leur
,, en donnoit point auffi d'occafion, ils
,, commandoient bien , & on leur
,, obeïffoit de même ; La plus grande
,, menace qu'un Roy fit à fes fujets,
,, quand ils ne fe comportoient pas
,, comme ils devoient, c'eftoit qu'il
,, fe démettroit de fa charge.

Tous ces raifonnements font con-
vaincants, dira fans doute le Clergé;
Ils juftifient trés-bien que les veritables

a Seneque Epift. 90.

bles Roys n'ont pas été jufqu'à prefent au deffus des Loix , (*a*) mais ils font inutils , *(b)* le tems auquel nous vivons , Le Roy que nous élevons au deffus des Loix , qui n'a point de pareil dans les fiécles paffez , ny dans celui ci , la puiffance de fes armes , fa prudence , fa fageffe , fans égales , la fubtilité de fon efprit & la grandeur de fon courage le tirent du Pair ; Et nous authorifent à donner fes actions pour régle de la juftice , plûtôt que de prendre la juftice pour la régle de fes actions.

Si ces malheureux flateurs parloient à un Prince crédule , & qui comme un Domitien crût (*c*) qu'il n'y a rien qu'une puiffance Souveraine & égale aux Dieux ne puiffe croire de tout ce qu'on dit à fon avantage , ils luy perfuaderoient fans doute ce que l'Ambaffadeur des Ephéfiens fit croire autrefois à Alexandre le Grand , qui vouloit que l'on mit fon nom dans l'Infcription de leur Temple , qu'il ne lui feroit

a Satavit bene fed non in ftadio.

b Non tali auxilio, nec defenforibus iftis Tempus æget. *Virg. Æneid. lib.* 2.

c - - - - Nihil eft quod credere de fe Non poffit, cum laudatur diis æqua poteftas *Juven. Satyr.* 4.

seroit pas bien séant dans la grandeur où il est de consacrer quelque chose aux Dieux, puis qu'il est Dieu lui-même , & que les hommes ne rendent cét honneur qu'à une nature plus puissante & plus sublime , nous n'allons pas jusqu'à cét excés de flaterie, mais nous pouvons assurer que nous avons pour le Roy un respect plus grand & une affection plus sincere pour sa Majesté que le Clergé

Nous avouons que le Roy est un Prince extraordinaire, tant par la puissance de ses armes , que par la subtilité de son esprit , & par la grandeur de son courage , mais nous n'en concluons pas qu'il soit au dessus de la Loy. Le Clergé croit-il lui faire honneur en disant qu'il est au dessus des Loix ? Qu'il consulte sur ce sujet un des plus Savans d'entre les Jurisconsultes & d'entre les Historiens, qui nous ont laissé leurs Ouvrages; (1) Ils apprendront de luy , que la Loy étant la raison de plusieurs sages (ce qu'étoit aussi l'Edit de Nantes.) ,, Ceux ,, qui croyent flatter les Roys en leur ,, disant qu'ils sont au dessus de la Loy, ,, leur

a Pasquier dans ses Recherches de la France pag. 1000. au Traitté intitulé *Pour-parler du Prince.*

,, leur difent fans y penfer qu'ils ne
,, font point hommes, mais qu'ils font
,, des lyons qui commandent aux hom-
,, mes par le moyen de leur force , &
,, non pas par la raifon qui eft propre
,, à l'homme , c'eft à dire , que le
,, peuple qui eft foumis au Gouverne-
,, ment d'un Prince qui fe met au def-
,, fus de la Loy , parce qu'il eft puif-
,, fant , & qui la renverfe eft malheu-
,, reufement foumis au Gouvernement
,, d'un animal feroce.

Qu'il confulte Meizeray (a) lequel
parlant de Louis XI. dit , qu'il aimoit mieux fuivre fes fantaifies déréglées que les fages Loix de l'Etat. Ce
que quelqu'un , dit cét Hiftorien , a
appellé mettre les Rois hors de Page,
il devoit dire , ajoute-t il , les mettre
hors du fens & de la raifon.

Que le Clergé confulte la Sapience
de Philon qu'il attribuë à Salomon,
& qu'il tient pour un livre Canonique,
(b) il verra que ce font les impies qui
difent que nôtre force foit la Loy de
la Juftice.

Ces fentimens du Clergé font bien
éloignez de ceux de Dieu , (c) qui a
toute

a Abregé Chronol. de l'hift. de France
Tom. 3 Impreff. de Holl. pag. 285.
b Ch. 2. v. 11. c Ibid. Ch. 12. v. 14 & 17.

toute force en main, & qui pourtant juge en équité, étant juste il dispose toutes choses justement, jugeant qu'il est indigne non seulement de sa Puissance, mais aussi & à parler mieux de sa justice, de condamner celuy qui n'a point mérité d'être puni.

Ils sont bien éloignez de ceux des Payens mêmes, qui sont en cela comme en plusieurs autres occasions plus orthodoxes, pour ainsi dire, que les Catholiques Romains.

Les Loix des douze Tables, *a* dix desquelles les anciens Romains empruntèrent des Lacédémoniens & des Athéniens, lors qu'ils furent las d'être gouvernez par caprice, deffendent précisément d'user de force contre le peuple.

Il n'y *b* a rien, dit un d'eux, de plus pernicieux aux Villes, ou aux Etats, rien de plus contraire au Droit & aux Loix, rien de moins honnête ni de moins humain que d'emploier la force, dans un Etat bien établi, & bien policé.   Il

a Hist. Juris Tit. 2. Cap. 1.

b Vis abesto, nihil est enim exitiosius civitatibus, nihil tam contrarium juri & legibus, nihil minus civile & humanum quam composita & constituta Republica quicquam agi per vim. *Cic.* 3. *de leg.*

Il faut que les Loix commandent
au Prince, & que le Prince comman-
de à ses Sujets. C'est ce que ce même sage Payen justifie par une infinité de raisons dans ce livre que nous
venons de cotter. Et dans un autre
endroit de ses Ouvrages, (*a*) il dit,
qu'il y a deux façons de disputer les
choses, l'une par la raison , & l'autre par la force , l'une est particuliere à l'homme , & l'autre à la bête.

Que le Clergé reconnoisse donc
qu'il fait injure au Roy, bien loin de
luy faire honneur ; & qu'il luy fait
tort aussi , car il est cause que sa Domination est insupportable à ses Sujets, & odieuse aux autres Princes du
monde ; Que cette maxime lui attire leur haine ; Et qu'ils lui font
guerre , car disent-ils , puis que ce
Roy n'a point d'autre Régle que sa
volonté , & que son ambition n'est
bornée que par son pouvoir ; Il faut
lui ôter ses forces ; Il faut le mettre
hors d'état de pouvoir rien entreprendre & l'obliger par ce moyen à se con-
tenir. Il ne faut pas lui laisser faire
amas de chevaux , n'y d'argent , n'y
d'or, de peur que son cœur ne s'eléve
par dessus ses freres. (*b*)   La

a Cic. Offic. lib. 1.
b Deuter. ch. 17. vs. 16. & 17.

La France ne peut pas condamner ce raisonnement là ; Car elle s'en sert, mais fort mal à propos en toutes occasions, par exemple, lors qu'elle a dépoüillé le Duc de Lorraine de ses Etats, elle a fait dire aux Plénipotentiaires des Princes à Ratisbonne que ce n'estoit pas dans le dessein de profiter de ses dépoüilles, mais seulement pour prévenir les mauvais desseins de ce Duc, & cependant a tout gardé & retenu : Quels étoient ces mauvais desseins ? Estoit-ce d'entreprendre sur la France ? Nullement, quels étoient-ils donc ? On ne l'a jamais seû, & peut-être la France seroit-elle encore aujourdhui fort empéchée de les dire ; Ce raisonnement est aussi juste, que si on disoit, qu'il faut couper bras & jambes à un homme, & même lui ôter la vie, parce qu'il pourroit un jour s'engager dans des Troupes Ennemies. Sous ce pretexte là, on pourroit détruire tout le genre humain.

Lors que la France déclare la Guerre à l'Empereur, elle dit, que c'est pour prévenir ses mauvais desseins ; Lors qu'elle la déclare aux Hollandois, c'est encore par la même raison, & pour le même sujet ; Et quels sont ces mauvais desseins que ces Puissances ont

ont, c'eſt d'empécher que le Cardinal de Furſtemberg ne ſoit Electeur de Cologne, & que par ce moyen la France ne puiſſe quand il lui plaira entrer en Hollande & dans l'Empire; On à grand tort ſans doute, d'empécher que ces Païs ſoient ouverts à la France, & de lui ôter les moyens d'y entrer quand bon lui ſemblera. Qui ne voit que raiſonner ainſi, & agir ſur des prétextes de cette nature, c'eſt ſe moquer de tout le monde, ſi ce raiſonnement étoit recû, il n'y auroit plus de Traitté ſur lequel on pût ſe repoſer, la brebis aura toûjours troublé l'eau que le loup devoit boire, (a) ou ſi l'agneau n'a pas médit du loup, on lui ſoûtiendra que ſon Pere ou quelqu'un de ſes parents en aura médit & ſous des prétextes de cette nature le plus grand & le plus fort, engloutira toûjours le plus petit & le plus foible. Ce raiſonnement eſt trés-juſte, lors que les autres Princes le font contre la France, car elle à déja mis des mauvais deſſeins à exécution; Et elle n'a pas ſi tôt exécuté les premiers, qu'elle fait de nouveaux projets qui tendent à la ruine des Princes. Or il eſt juſte que l'experience du paſſé nous in-

B

(a) Phædr. Fab. I

inſtruiſe pour l'avenir , & que la perte & les déſordres que la France à
cauſez juſques icy , Nous perſuade,
qu'il eſt néceſſaire de prévenir ceux
qu'elle médite.

Pourquoy engager icy les Princes
de l'Europe ? quel intéreſt ont-ils, dira ſans doute le Clergé, à la Révocation de l'Edit de Nantes ? N'eſt-ce
pas tirer une conſéquence générale
d'un fait particulier , & par conſé-
quent pécher contre les Régles du raiſonnement ? quoy parce qu'on dit que
le Roy étoit au deſſus de l'Edit de Nantes, il s'en ſuivra qu'on prétende qu'il
eſt au deſſus de tous les Traittez qu'il
fait avec les eſtrangers ? Il y a bien
de la différence entre cét Edit de Nantes
& les autres Traittez qu'il à fait ; Il
eſt vrai qu'il l'a confirmé , & qu'il en
à promis & même juré l'obſervation,
mais il ne la promettoit que de la bouche , ſon cœur n'avoit point de part
à cette promeſſe ; Son intention à toûjours été de le révoquer & de le détruire. Il avoit ce deſſein là , dans
le tems même qu'il en juroit l'obſervation ; Ce n'eſtoit qu'une promeſſe
feinte & ſimulée , tous ſes Prédéceſſeurs avoient fait la même choſe avant
lui , & il n'a fait en cela que ſuivre
leur

leur exemple & leur intention. Enfin
cét Edit, ou ce prétendu Traitté de
Paix fait a Nantes, n'eſtoit fait qu'avec
des ſujets dont il eſt le Maître; Il
n'eſtoit pas obligé d'avoir pour eux tant
de reſpect qu'il ſait qu'il en doit avoir
pour les eſtrangers; D'ailleurs il jure
& promet ſincerement l'obſervation
de ceux qu'il fait avec les eſtrangers,
ce qu'il n'avoit pas fait à l'égard de
l'Edit de Nantes; Cette différence doit
raſſurer les Princes & Etats eſtrangers,
& détruire les ſoupçons dont on tâche
de remplir leurs eſprits.

Avant que de détruire ces raiſon-
mements, par leſquels on prétend de
donner atteinte aux nôtres; Nous trou-
wons à propos de faire voir en un mot,
comment & en quel ſens on peut dire
légitimement que les Roys & les autres Princes ſouverains ſont au deſſus
des Loix.

Les Souverains ſont au deſſus des Loix
Civiles & qui regardent les Particuliers;
Ils ne ſont pas ſujets par exemple aux
Formalitez requiſes dans les Teſtaments;
Ils ne ſont point ſujets à la Loy Falci-
dienne ni au Sénatus-conſulte Trebel-
lien, ils ne ſont point ſujets à une infinité d'autres Loix ſemblables que nous
pourrions rapporter; Ils ſont au deſſus de

 la

la Loy, en ce qu'ils peuvent diminuer, changer, ou ôter la peine que la Loy ordonne ; Mais ils font fujets au droit public, c'eft à dire aux Loix qui concernent l'Eftat, en général, par exemple à la Loy Salique, & aux autres, qui comme celle là pourvoient ou à la confervation, ou à la fureté, ou en un mot au bien de l'état ; Ils font fujets à une autre forte de Loix. Les Jurifconfultes foutiennent (a) que les Contracts des Princes doivent être tenus pour autant de Loix, Ils font foumis à cette forte de Loix ; (b) Rien ne doit être plus ferme, plus ftable, ny plus affuré que la foy qu'ils ont donné : Enfin ils font fujets aux Loix de Dieu, & aux Loix de la Nature: Nous allons faire voir que le Clergé s'eft mis fous le nom du Roy au deffus des unes & des autres, & que toutes font renverfées ; Mais examinons premierement les objections qui viennent de nous être faites.

CHA-

---

a Ut pote Imperialibus contractibus legis vicem obtinentibus, minimeque opitulatione quadam extrinfecùs egentibus, L. 16 Cod. de don. inter vir. & uxorem.

b Nihil eft enim quod lumine clariore præfulgeat, quam recta fides in principe ; L. 4. de fum. trin.

CHAPITRE TROISIE'ME.

ARGUMENT.

Response à ces objections & à ces reproches. Que la France n'à pas mieux observé les autres traittez qu'elle à fait avec les estrangers, que l'Edit de Nantes. Preuves qui le justifient. Que les Princes Protestants doivent moins se fier aux traittez de la France que les autres; Pourquoy leur défiance doit estre plus grande.

POurquoy, dit-on, mêler l'intérest des Princes de l'Europe avec celui des Réformez de France; Si on s'est mis au dessus de l'Edit de Nantes, & si on l'a renversé, s'en suit-il qu'on se mettra au dessus de tous les traittez qu'on fera, & qu'on les renversera quand on le trouvera bon? A cela nous répondons, premierement qu'il est trés-certain que la France a toûjours entretenu, même en tems de paix une Armée formidable; Elle s'est vantée d'avoir eu plus de cent cinquante mille hommes sur pied, pendant que les autres Etats n'avoient de forces que les traittez qu'ils avoient fait, & qu'ils se fioient sur la bonn e

B 3

foy.

foy de ces traittez ; On hait *a* ceux qui se tiennent toûjours sur leur garde, ou parce qu'on croit qu'ils se défient des autres, ou parce qu'on craint qu'ils n'ayent dessein de faire quelque surprise.

La défiance & le soupçon de ces Princes se sont augmentez par la révocation de l'Edit de Nantes, & certes avec raison, car si sous le nom du Roy on manque de foy a ses propres sujets, qui ne regardoient que luy, qui n'esperoient qu'en luy, qui ne pouvoient avoir refuge en cas d'oppression ou d'injustice qu'a luy ; Si on les trompe, bien loin de les protéger, que doivent craindre les etrangers ; Si un Pere est injuste & cruel envers ses propres Enfans, la crainte qu'auront les estrangers de tomber entre ses mains & d'être à sa discretion, ne sera-t'-elle pas juste & légitime ? Ainsi bien loin que cette qualité de sujets en ceux à qui on a manqué de foy, doivent mettre l'esprit des estrangers à repos, comme nos ennemis le prétendent, elle leur donne avec justice une plus grande

a Odimus accipitrem quia vivit semper in armis
Et pavidum solitos in pecus ire lupos,
Ovid. de art. Amand. lib. 2.

grande allarme. Voions fi les autres raifonnemens que l'on nous oppofe détruifent mieux que celui là, la conféquence que nous avons tirée de ce qu'on fait aux Réformez de France, à ce que les Princes eftrangers doivent craindre.

On dit qu'il y a une grande différence entre le traitté qui êtoit fait avec les Reformez, & que l'on à violé, & entre ceux que l'on fait avec les Princes éftrangers, que le premier n'étoit que feint & fimulé, qu'on n'en avoit promis & juré l'obfervation que de bouche, mais que le cœur n'avoit point eu de part a ces promeffes & à ces ferments; Que les Roys l'avoient fait & ratifié par force, l'eftat de leurs affaires & de leur Royaume les y ayant obligé; Et enfin qu'il étoit fait avec des Hérétiques Ennemis de l'Eglife : Mais que les traitez que l'on fait avec les Princes eftrangers font fincéres, qu'on en promet l'obfervation de bonne foy.

C'eft à dire fi on en croit nos Ennemis, que l'Edit de Nantes qu'ils ont voulu faire paffer jufqu'a préfent pour une grace, & pour un Privilége qui étoit accordé par nos Roys aux Reformez étoit un veritable piége

B 4

qu'on

qu'on leur tendoit Voilà un fentiment qui eft bien jufte & bien glorieux *a* à nos Roys. Ils ont trompé des gens qui fe fioient fur leurs promeffes, qui fe fioient au Dieu *b* qu'ils prenoient fi fouvent à témoin de toutes les chofes qu'ils leur promettoient.

Ces promeffes, difent-ils, & ces ferments n'étoient que feints & fimulez, le cœur ne ratifioit pas ce que la bouche promettoit; C'eft imputer fauffement & injurieufement à nos Rois, d'avoir mis en pratique ce deteftable formulaire de dire d'un, & penfer d'autre, inventé par les Jefuites; ,,Venin, dit un Hiftorien, du ,,premier rang, (c) dont ils ont telle- ,,ment empoifonné les pauvres Catho- ,,liques Anglois fous la conduite de ,,Garnet leur Archiprêtre, que la plû ,,part

a Fallere credentem non eft operofa
puellam
Gloria, fimplicitas digna favore
fuit. *Ovid. Epift. Heroid.* 2.
Malitia fua nemini debet effe lucrofa fi-
cut nec fimplicitas damnofa *L. I. Olig. de
Dolo malo.*
b Dis quoque credidimus quo jam tot
pignora nobis? *Ovid. Epift. Heroid.* 2.
c Pafquier Recherche de la France liv. 3.
pag. 346.

,,part d'eux ne contractent aujourd'hui
,,ensemble, *qu'avec cette protestation*
,,*expresse qu'ils entendent besogner*
,,*sans aucune équivocation*, tel est le
,,terme de leur Pays. C'est en bon
,,langage, ajoute cét Historien, ce
,,que disoient les méchantes ames des
,,Payens, (*a*) j'ay juré de la langue,
,,mais non pas de l'intention, paroles
,,dés lors detestées par tous les gens
,,de bien, encore qu'ils ne fussent pas
,,Chrétiens.

Mais disent nos Ennemis, ç'a esté
par un bon principe que nos Roys ont
agi ainsi ; ç'a esté contre des Héretiques, ç'a esté par Dévotion, & en fa-
,,veur de l'Eglise, ç'a esté comme il
,,est dit dans l'Edit de Révocation de
,,celuy de Nantes, afin d'étre plus en
,,état de travailler à réünir à l'Egli-
,,se ceux qui s'en étoient si facilement
,,éloignez.

C'est aussi bien raisonner, que si le
Clergé voulant justifier nos Rois du
Crime dont ils les accusent faussement, ils disoient que c'est un péché
fait en l'honneur de Dieu, c'est là le
style des Jesuites.

La faveur de Dieu ni de l'Eglise
B 5 ne

a Juravi lingua, mentem injuratam ge-
ro. *Cic. Offic. lib.* 3.

ne doivent point engendrer d'injustice, ni d'impieté; (*a*) C'eſt là le ſentiment des Canoniſtes, qu'ils expri-
ment en termes fort élegants; c'eſt là
ce que la Religion & le bon ſens même dictent.

Enfin dit-on lors que nos Rois ont
donné & confirmé cét Edit de Nantes, ils craignoient les Réformez, leurs
affaires ne leur permettoient pas de ſe
découvrir, & les obligeoit à agir de
cette maniere. Raiſonnement indigne
de Chrétiens qui fait honte à ceux qui
s'en ſervent! Quoy eſt-il juſte de mé-
priſer Dieu, parce qu'on craint les
hommes ? dire les choſes autrement
qu'on ne les penſe & autrement qu'elles ne ſont, faire deſſein de manquer
de foy, & de tromper, & prendre
Dieu en même tems à témoin qu'on
dit la verité, & le prendre pour ven-
geur du parjure. N'eſt-ce pas ſe moquer de Dieu & ſe ſoucier peu de la
vengeance, que l'on a conſenti qu'il
exerçât, en cas qu'on vint à fauſſer ſa
foy ; Ou n'eſt-ce pas croire comme

ces

(*a*) Nam licet Eccleſia in cauſis viduarum
ſe favorabilem debeat exhibere contra ju-
ſtitiam, tamen non eſt eis favor Eccleſia-
ſticus concedendus. *Decret. lib. 3. tit. 20. de
Donat. inter vir. & uxor. cap. nuper.*

ces impies dont le Prophete parle :
(*a*) Que l'Eternel ne verra point ce
qu'ils font, que le Dieu de Jacob n'en
entendra rien ? N'eſt-ce pas croire que
la condition & l'état où l'on eſt, ſont
ſi bien affermis qu'on n'en décherra
jamais, que la bonne fortune dont on
joüit ne ſera jamais ébranlée, beaucoup moins renverſée ? En un mot,
n'eſt-ce pas dire en ſon cœur, Je ne
crains rien, je ne bougerai jamais,
car je ne puis avoir mal ? (*b*) Que nos
Ennemis apprennent même d'un Payen
(*c*) que Dieu ſe ſouvient des torts &
des crimes qu'on commet, & qu'il le
faut craindre.

Mathieu Hiſtorien de France (*d*)
raiſonne ſi bien ſur ce Sujet que nous
,, ne pouvons nous diſpenſer de rappor-
,, ter ces termes. S'il y a de la perfidie,
,, dit il, à écrire, ou à dire, les cho-
,, ſes fauſſes, c'eſt une honteuſe coüar-
,, diſe à diſſimuler les vrayes. Il n'y

B 6

,, a

a Pſeaume 94. v. 7.
b Pſ. 10. v. 6.
c Si genus humanum & mortalia tem-
nitis arma
At ſperate Deos memores fandi atque
nefandi *Virg. Æneid. lib.* 1.
d Hiſt. de ce qui s'eſt fait pendant les 7
années de Paix dans ſon Advertiſſ. page 4.

,, a danger si présent ni si pressant qui
,, doive retenir la verité. Le pis qu'on
,, peut faire à celui qui la découvre,
,, c'est de le menacer de ce qu'il ne
,, peut fuir. Les coups les plus mor-
,, tels ne le peuvent faire qu'immor-
,, tel. Et au fond, Quel honneur,
,, jetter l'ame & la Religion derriere
,, les épaules, pour flatter, pour men-
,, tir, trahir la verité, pour des brisu-
,, res de festus, pour une vaine fumée
,, de respects, & pour la cupidité de
,, choses difficiles à garder, impossi-
,, bles d'emporter ?

La derniere différence que nos Ennemis mettent entre l'Edit de Nantes,
& les Traittez que la France fait avec
les Princes étrangers, c'est qu'ils disent qu'on promet sincerement l'e-
xécution de ces derniers, ce qui
n'avoit pas été fait à l'égard du premier.

Quelle assûrance peut-on avoir de
cette différence ; Qui est-ce qui peut
connoître si les promesses que l'on a
fait ont esté faites, & si elles seront ex-
écutées sincerement ? il n'y a que Dieu
qui sonde les cœurs & les reins : En
tout cas il nous semble qu'on en peut
juger plus surement par ce que la France fait, que par ce que le Clergé dit ;

C'est

C'est une maxime de droit (*a*) que les faits sont plus forts & plus puissants que les paroles, à voir comment la France a exécuté ses Traittez avec les Princes étrangers, on ne peut pas croire, ce que le Clergé dit, qu'elle ayt promis sincerement de les exécuter, l'experience justifie tous les jours, qu'elle ne les observe que quand l'observation ne lui en est pas nuisible, *b* ou qu'elle ne les observe, qu'à la maniere de celui qui ayant fait une Tréve de trente jours avec ses Ennemis faisoit des Courses sur leurs Terres, & les pilloit durant la nuit, *c* parce qu'il disoit que la Tréve n'avoit pas été faite pour les nuits, mais seulement pour les jours. On a vû, que pendant la Paix la France a fait à peu prés

B 6

com-

---

a. Facta sunt potentiora verbis : in iis quæ tendunt ad declarationem animi, plus est facto quàm verbo declarare L. Si tamen Paragr. ei qui dig. de Ædilit. edicto. Voicy la raison qu'en donnent les Commentateurs de cette Loy. Mens enim & voluntas magis facto seu actu declaratur, nam facta sunt efficaciora ad declarandum animum facientis quàm ipsa verba, quia verba quandoque sunt falsa, facta verò nunquam.

b Machiavel ch. 11. du Prince, & discours, livre 3. ch. 42:   *c* Cic. offic. lib. 1.

comme Quintus Fabeus Labés *a* On
dit de lui que le Senat de Rome le
donna autrefois pour arbitre aux No-
lains & aux Néapolitains, afin de terminer le différent qui s'étoit émeu entr'eux touchant les bornes de leurs
Terres ; Deſorte qu'étant venu ſur les
lieux il remontra ſéparément aux uns
& aux autres qu'ils devoient être plus
moderez, que la Convoitiſe ne les devoit pas armer l'un contre l'autre ; &
que pour avoir la paix , il étoit plus à
propos de ſe retirer , que de paſſer
plus avant , de retrancher de ſes pré-
tenſions que d'y ajoûter quelque choſe. Ces deux Peuples l'ayant écouté &
réſolu en même temps de s'arrêter à
ſon jugement, il fit les bornes de leur
Pays , & pour les ſéparer les uns des
autres , il laiſſa entr'eux une piéce de
terre qui leur appartenoit légitimement , & il l'ajugea au Peuple Romain.

On a vû même que la France n'a
pas fait de ſcrupule de violer les derniers Traittez de Paix & de Tréves,
les Arreſts de la Chambre Royale établie à Metz , les Forts de Mont-
Royal, de Huningue & autres, ne ſont-
ce pas des veritables infractions &
con- -

a Cic. Off. lib. 1

contraventions à ces Traitez? Il ne faut faut pas aller bien loin pour trouver dequoy le justifier ; Les Jurisconsultes François mêmes nous en fournissent la preuve. Un des plus célebres dit en propres termes, *a* que ,, si sous prétexte de quelque Clause ,, ambiguë, ou non assez clairement ,, exprimée, ou frauduleusement in-,, terpretée, l'une des Parties vouloit ,, indirectement quereller tout, ou par-,, tie des choses accordées, par les ,, Articles de la Paix, comme s'il fai-,, soit bâtir des Forteresses auprés des ,, Frontieres qui avoient esté conten-,, tieuses ou autre chose semblable, il ,, n'y a point de doute, qu'il se-,, roit permis à l'autre de se dépar-,, tir du Traitté & de reprendre les ,, armes. Et il cite Ciceron qui dit ,, dans une de ses Oraisons, *b* que ce ,, procedé est une véritable Contra-,, vention au Traitté de Paix.

L'Histoire de France nous apprend qu'en l'année 1196. Richard Roy d'Angleterre ayant bâti une fois dans

l'Ile

a Le Bret de la Souveraineté du Roy liv. 4. Chap. 7. pag. 307. *b* Post initam pacem si quid est commissum, id non neglectum, sed violatum putatur, nec imprudentiæ, sed perfidiæ assignatur.

l'Ile d'Andely fur la Seine auprés des Frontieres de France, le Roy Philippe Augufte Roy de France lui declara la guerre. Ce qui fait voir que cette Jurifprudence n'eft pas nouvelle.

Tout le monde eft convaincu que la France s'eft toûjours mis au deffus des Loix, qu'elle a violé directement ou indirectement tous les Traittez qu'elle a fait avec les Princes ou Etats étrangers. On n'a vû que trop de ces Infractions pour n'eftre pas perfuadé, que ceux qui gouvernent, abufans du nom du Roy & de la puiffance qu'ils ont en main, croient être en droit de donner leur volonté pour Régle & pour Loix à toutes les puiffances de la terre.

Enfin nos Ennemis croient qu'on a été en droit de manquer de foy aux Réformez de France, parce qu'ils font héretiques & excommuniez; fi cela eft, quel traittement peuvent attendre tous les Princes & Etats Proteftans en particulier, lors que la France fera en état de les détruire; & quel fond peuvent-ils faire fur les Traittez qu'on fait avec eux, & fur la foy qu'on leur donne. Ils doivent d'autant moins s'y fier que des Jefuites & des Emiffaires de cette pernicieufe cabale, font venus jufques au cœur de l'All'Allemagne débiter leurs detestables maximes , & faire de grands efforts pour y allumer une guerre , & une division qui en seroit infailliblement la ruine ; *a* Ils y ont soutenu hautement, & ont publié par des libelles séditieux, que l'on ne devoit pas garder la foy promise aux héretiques, & par conséquent qu'il falloit détruire ceux qui étoient dans l'Empire , nonobstant la transaction de Passau , du mois d'Octobre 1555.

La consequence que nous avons tirée de la révocation de l'Edit de Nantes , & de ce que l'on fait aux Réformez en France , a ce que les Princes étrangers doivent craindre , est juste & paroît à nôtre avis assez telle ; Nous pouvons conclure de tout ce que nous venons de dire , que cette maxime, que le Roy est au dessus de la Loy, que l'on met en usage en France , fait injure au Roy , bien loin de luy faire honneur, qu'elle rend sa Domination odieuse aux autres Princes du monde. Faisons voir présentement qu'on s'est

mis

a Qui sont ceux qui ont écrit & publié ces libelles,& quand ils les ont publiez. Voy Meisner S.S. Theol. Doct, & in Wittemb. Acad. Prof. P. Philosoph. Sobriæ Pars 3. Sect. 1. pag. 383. &c.

mis sous le nom du Roy au dessus des Loix de la Nature, & même des Loix divines, & que par cette raison cette domination est insupportable à ses sujets.

CHAPITRE QUATRIE'ME

ARGUMENT.

Que dans la persécution qui s'est faite en France contre les Reformez, on a violé la Loy de la Nature, la Loy de l'Evangile, & les Principes de la Religion Rom. Reflexions sur cette conduite. Comment Dieu tire les hommes à luy.

LA Loy de la Nature & de l'Evangile, *a* est, que nous ne fassions pas à nôtre prochain, ce que nous ne voudrions pas que nôtre prochain nous fit a nous mêmes. Tous les Jurisconsultes l'ont reconnu pour la base & pour le fondement de la Justice Les Can-

a Jus naturale est quod in Lege & Evangelio continetur, quod quisque jubetur alii facere quod sibi vult fieri & prohibetur, alii inferre quod sibi nolit fieri. *Decret. I. pars dist. I.*

Canoniſtes *a* l'ont mis par cette raiſon a la tête du Décret; Ceux qui ont redigé toutes les Loix en un corps, l'ont répandu en divers endroits de ce grand corps, comme une Loy dont on doit toûjours ſe ſouvenir, *b* afin qu'on la vît & qu'on la lut ſouvent, & qu'il ſoit preſque impoſſible de l'oublier.

Toutes les choſes que vous voulez que les hommes vous faſſent, faites les leur auſſi ſemblablement, car c'eſt la Loy & les Prophetes, dit le Sauveur du monde *c*.

Les hommes ſont nez tous avec une liberté naturelle, qui a la volonté & la raiſon pour principe *d*; Ils ont tous le droit de choiſir & de ſe déterminer à un

a Naturale jus inter omnia primatum obtinet tempore & dignitate; cœpit enim ab exordio rationalis creaturæ nec variatur tempore, ſed immutabile permanet. *Decret. 1. Pars. diſtinct. 5.*

b Quod quis in alterius perſona æquum eſſe credidit id in ſua quoque perſona valere patiatur. *L. 1. Dig.* Quod quiſque juris *L. 15. Dig.* ſi ſervit. Vindicetur. *L. 24. Paragr. 5. Dig.* Solut. Matrim. quem admodum dos petatur. Et en une infinité d'endroits.

c St. Matt. ch. 7. vers 12.

d Ils ont ce qu'on appelle; indifferentiam ad utrumlibet.

à un sentiment ; de sorte qu'on peut dire que les Eclaves mêmes sont libres, parce qu'ils sont Maîtres des mouvemens interieurs de leur ame.

Les Chrêtiens ont cette liberté naturelle, dans un plus haut dégré de perfection que les autres hommes; *a* le Fils de Dieu est venu, & leur à donné de l'entendement pour connoître celuy qui est le véritable.

La Religion Romaine ôte à Dieu l'Empire qu'il a sur les cœurs des hommes, & laisse à l'homme la liberté de se déterminer à faire le bien ou le mal, à accepter la grace ou à la refuser; elle lui laisse son Franc arbitre.

On à foulé aux pieds cette Loy de Nature & de l'Evangile qui ordonne aux hommes & sur tout aux Chrêtiens de ne faire à leurs prochains que ce qu'ils voudroient que leur prochain leur fit à eux mêmes ; Car je ne croy pas qu'on trouvât bon qu'on fut violenté, qu'on fut forcé & qu'on fut contraint par toutes les cruautez qu'on peut exercer sur des hommes à faire profession malgré soi d'un autre Religion que de la Sienne.

On a fait encores plus, on a contrain les volontez des Réformez du

Roy-

a 1. Epitre de St. Jean chap. 5. vers 20.

Royaume ; On leur a ôté la liberté naturelle qu'ils avoient de croire ou de ne pas croire , & avec la
qu'elle ils estoient nez ; On leur a
deffendu de se servir de l'entendement,
que le Fils de Dieu leur à donné pour
connoître celuy qui est le véritable ;
On a ôté les biens & la liberté du
corps ; On a ruiné & désolé un trés-
grand nombre de sujets , au quel on
n'a pù ôter l'usage de la raison.

Que dirons nous de plus juste sur ce
sujet , que ce qu'un Poëte *a* dit autresfois contre l'Edit de Domitien , qui
chassoit tous les Philosophes de Rome.

Dis moy Calliope, disoit il , à quoy
pense

a Dic mihi Calliope quidnam Pater
ille deorum
Cogitat ? an terras & secula mutat ?
Quasque dedit quundam , morientibus eri-
pit artes?
Nosque jubet Tacitos , & jam rationis
egenos
Num aliter primo quam cum surrexi-
mus ævo
Glandibus , & puræ rursùs procumbere
lymphæ ?
An reliquas conservat amicus & urbes
Sed genus Ausonium, Romulique extur-
bat alumnos ?
Quid reputemus enim ? Sulpiciæ Satyra

penſe le Roy des Dieux ? change-t-il les Loix de la terre & de ſon propre Pays ? veut-il ôter aux mortels cét art de régner & de bien gouverner les peuples qu'il leur avoit donné autres fois ? Nous commande-t-il de nous taire & de perdre l'uſage de la raiſon, ou de n'avoir pas le Sens commun, comme ſi nous étions encore dans le premier Aage des hommes pour ne vivre que de Gland & ne boire que de L'eau, ou bien n'eſt-il ami que des autres Pays pour en conſerver les Champs & les Villes, & abandonner ſeulement les Peuple de Lauſonie & les Deſcendans de Romule? Car que pouvons nous penſer de tout cecy ?

Condamner l'homme, que Dieu & la Nature ont rendu libre & Maître de lui même, à étre dans la ſervitude & dans l'aſſujettiſſement n'eſt-ce pas s'elever par deſſus la Nature, & la vouloir réformer ? N'eſt-ce pas donner une Loi contraire au deſſein de Dieu & détruire la Loy naturelle qu'il a lui même établie ? N'eſt-ce pas ſe croire plus ſage & plus grand que ce Dieu éternel que nous adorons ? N'eſt-ce pas vouloir renverſer ſes voyes ? *a* N'eſt-ce pas fouler aux pieds ſa propre

a Actes des Apôt. ch. 13. verſ. 10.

pre Religion, & en méprifer les principes les plus inviolables ? à qu'elle
Nature de Dieux *a* eft donc donnée
une fi grande puiffance ?

Lors que les Apôtres interrogérent
Jefus Chrift difants, Seigneur fera-ce en
ce tems-cy, que tu rétabliras le Royaume à Ifraël ? Et lors qu'il leur répondit, ce n'eft point à vous de connoître les temps ou les faifons que le Pere
a mifes en fa propre puiffance ; Côm-
ment lui qui êtoit Prophéte, n'a-t-il
pas prévû qu'il y auroit dans ce temps
cy des gens qui prétendroient que l'E-
glife Romaine eft le Royaume d'Ifraël,
& qu'il y auroit une puiffance fur la
terre qui entreprendroit de le rétablir
& de le remettre dans un état triomphant ? Il l'a bien prévû, car il dit par la
plume d'un de fes Apôtres, *b* qu'encore
qu'il qu'il y en ayt qui foient appellez
Dieux, foit au ciel, foit en terre, comme il y a plufieurs Dieux & plufieurs
Seigneurs, toutes-fois il nous avertit
que nous n'avons qu'un feul Dieu qui
eft le Pere, du quel font toutes chofes & nous pour lui ; Et un feul Seigneur

a Cui tanta Deo permiffa poteftas ?
Virg. Æneid. lib. 9.

b 1. Epift. de St. Paul aux Corinth. ch.
8. vers 5. & 6.

neur Jesus Christ par lequel sont toutes choses & nous par lui.

Il à bien sû qu'il y auroit un homme *a* qui s'opposeroit & s'éleveroit
contre & par dessus tout ce qui est
nommé Dieu, ou qu'on adoreroit jusqu'a être assis comme Dieu, au temple de Dieu se portant comme s'il étoit
Dieu.

Il à bien sû qu'il y auroit des Roys
qui combattroient contre l'agneau *b*
mais que l'agneau les vaincroit, d'autant qu'il est le Seigneur des Seigneurs,
& le Roy des Roys.

Christ nous a affranchi *c* nous voulons nous tenir fermes en la liberté
qu'il nous a acquis, & ne voulons
pas derechef estre sous le joug de la
servitude; Si nos Ennemis ne veulent
pas joüir de cette liberté : S'ils veulent être dans le Parti de ces Rois
qui assujettissent le corps & l'ame,
il ne tient qu'a eux ; Mais quant à nous
& à nos Maisons nous servirons à l'é-
ternel *d*.

Ce grand Dieu que nous voulons
servir tire les hommes avec des Cordeaux

a 2. Thessal. ch. 2. vers 4.
b Apocal. ch. 17. vers 4.
c Galat. ch. 5. vers 1.
d Josué ch. 24. vers 15,

deaux d'humanité & des liens d'Amitié *a* moyens convenables à leur condition; Et propres pour les attirer
par une contrainte fans violence pour
les perfuader de venir , & d'ailleurs
fupportables, doux, amiables, & qui
ne bleffent & n'irritent par conféquent
point. Voyons comment on à tiré les
Réformez dans la Communion Romaine; Si ç'à été d'une maniére agréable pour eux , & honnorable pour fa
Majefté; Voici de quelle maniere on
s'y eft pris

CHAPITRE CINQUIE'ME
ARGUMENT.

De quels moyens on s'eft fervi pour per-
fécuter les Réformez. Que cette per-
fécution eft inutile au deffein qu'on
a de convertir. Examen des raifons
& des motifs des Perfécuteurs, la
réfutation de ces raifons & de ces
motifs. Que les Guerres de Religion
font condamnées. Que les forces
temporelles ne produifent aucun effet
fur le cœur.

ON à d'abord fuivi la Politique
que Pharao mit en ufage lors qu'il

C voulut

a Ofée ch. 11. vers 4.

voulut perdre finement le peuple de Dieu. On a agi avec les Réformez avec tant de rigueur, qu'on à rendu leur vie amere.

On les a dépoüillez de leurs libertez par une infinité d'Arrêts, de Déclarations & d'Edits; On a affecté de vouloir passer pour justes en faisant des injustices criantes; On a toûjours fondé ces Edits sur des prétextes spécieux; de sorte que les Réformez qui considéroient l'Edit de Nantes comme un Ancre qui arrête a la verité le vaisseau, mais qui n'empéche pas qu'il ne soit encore agité des vagues & des tempêtes; Qui consideroient les atteintes qu'on donnoit tous les jours à leurs libertez & à cet Edit, comme des flots qui minent bien peu à peu les bords de la Mer, mais qui ne sauroient la renverser ni luy faire changer d'assiette; N'ont vû que tous ces Edits étoient leur ruine, que quand leur ruine est effectivement arrivée. Il n'y en eut que tres peu *a* qui découvrirent l'artifice cruel dont on se servoit pour les pérdre, & qui vîrent ce qui en devoit arriver.

On

a - - Pauci crudele canebant Artificis Scelus & Taciti ventura videbant. *Virg. Æneid. lib. 1.*

51

On à dit autrefois que la plus grande perſécution que l'Egliſe ait ſouffert à été celle de l'Empereur Conſtance, Arrien, parce qu'elle avoit à combattre un Ennemi qui avoit appris du Demon à perſécuter ſans être reconnu Perſécuteur, *a* careſſer ſans avoir aucune bonté à faire ce qu'il vouloit, & à ne pas faire paroître ce qu'il vouloit.

Les Réformez de France ont ſouffert la même perſécution ; On a voulu qu'ils fuſſent miſérables, ſans que leur miſére parût, ni qu'elle pût émouvoir les eſtrangers à pitié. On a voulu leur faire mille vexations, mais on n'a pas voulu s'attirer la haine que les gens de bien portent aux perſonnes injuſtes & cruelles. On les a ruiné en ſuivant les Régles d'une Juſtice apparente ; Mais cette fauſſe & trompeuſe Juſtice, n'eſt pas une Juſtice ; c'eſt une double injuſtice, dit trés-bien un Autheur moderne, parce qu'il y a tout enſemble injuſtice & tromperie. Il n'y a point d'injuſtice *b* plus criminelle ni plus deteſtable, dit un Payen que celle de ceux qui veulent paroître gens de bien à l'inſtant même qu'ils nous trompent.

C 2

Qu'il

a Hil. contr. Conſtant. Auguſt.
b Cicer. Offic. l. 1.

Qu'il feroit pourtant à fouhaitter *a*
qu'on neut point changé de conduite,
toute injufte qu'elle étoit , elle étoit
encore moins infupportable aux Réformez, que celle que l'on a tenu depuis contr'eux.

On a révoqué l'Edit de Nantes,
on a chaffé les Miniftres , & par un
ordre fecret , on a retenu leurs biens
& leurs Enfans ; la maniere de donner
cêt ordre en montre l'equité. Nul
ne fait aucune chofe en fecret qui cher-
che de fe porter franchement ; *b* On
n'avoit garde de publier cét ordre , car
il fait honte , & fera honte dans les
fiécles à venir à ceux qui l'ont donné.
On fépare par force des Peres & des
Meres d'avec leurs Enfans, dont l'a-
me *c* pour ainfi dire eft liée avec les
leurs d'un nœud indiffoluble.

Cela fait horreur à la Nature ; Il y
a plufieurs de ces Péres qui euffent
moins fouffert , fi on eût partagé leur
corps , fi on l'eût mis en pieces , qu'ils
n'ont fouffert , & qu'ils ne fouffrent

enco-

---

a Atque utinam his potius nugis tota
illa dediffet tempora Sævitiæ, *Juven. Satyr. 4.*

b St. Jean ch. 7. vers 4.

c Genef. ch. 44. vers 30.

encore par le partage violent qu'on fait de leur ame. Ils font dans un martyre continuel. Que ceux qui retiennent leurs Enfans faffent cette réflexion, qu'il ne leur eft pas honorable de faire fouffrir ce Martyre à ces gens là & d'être leurs Bourreaux.

Aprés que les Pafteurs ont été frapez, on a difperfé les brebis. On a rémpli *a* le Pais de crainte, de défolation & de deüil; de forte qu'on n'y a plus vü paroître que l'image effroyable de la mort; Et enfin on a exercé fur ces pauvres Réformez les violences & les cruautez les plus exécrables. Je n'en fais pas le détail; mon deffein ne me le permet pas; D'ailleurs de trés habiles gens, & qui ont de bons mémoires en compofent de gros volumes, qu'ils confacreront apparemment à la gloire immortelle de ceux qui les ont Commis. Je diray feulement en un mot, qu'on a Commis & qu'on commet encore tant de fortes de crimes, que fi l'on eft puni pour châcun d'eux, châcune des perfonnes *b* qui les commet-

C 3 tent

a Luctus, Ubique, Pavor, & plurima mortis imago, *Virg. Æneid. lib.* 2.

b Si de tot læfis fuo numine quifque Vindicet, in pœnas non fatis unus eris, *Ovid. Epit. Her. Epit.* 2.

tent ne fuffira pas pour fupporter les peines qui lui feront infligées.

L'Hiftoire de France nous apprend que les bafques ne s'occupoient qu'à commettre des meurtres qu'à brûler & qu'à defoler les endroits du monde où ils fe trouvoient, & qu'à commettre des actions dont le récit fefoit horreur; Que le faux zéle de leur Religion impie & brutale les rendoit cruels & fanguinaires, & que les François fe fervoient de leurs fecours dans leurs querelles publiques & particulieres, & les introduifoient dans leur pays; que ces mefchants garnements mis en curée par les defordres des Guerres Civiles, non feulement leur fervoient de Guides, mais encores de Chefs & d'Inftigateurs pour tout piller avec tant de deftruction qu'on n'en trouve point de pareilles dans toutes les Hiftoires; Que depuis une Mer jufqu'a l'autre, il ne demeura pas un Monaftere qui ne refentit leur rage diabolique, pas une Ville qui ne fut rançonnée, pillée ou brulée deux ou trois fois, ce que faifoit affez connoitre (dit l'Hiftorien) que c'eftoit une terrible vengeance de Dieu.

Les François Papiftes de nôtre temps n'ont que faire du fecours des
Baf-

Basques, ils ont autant de cruauté &
de Barbarie qu'eux & les exercent fans
eux ; Ce ne font pas des étrangers, comme Efaïe *a* le difoit autrefois aux
Juifs , qui ont dévoré les terres en
préfence des habitans , ce font des concitoyens qui devorent les terres de leurs
concitoyens.

Si tout cela fût arrivé du temps de
Henry troifiéme , & eût été fait aux
Ligueurs ; Leurs Théologiéns féditieux, n'euffent pas manqué de prêcher
comme ils firent en une occafion beau-
„coup moindre que celle cy ; *b* Qu'on
„doit dépofer un Prince qui s'acquit-
„te mal de fon devoir ; Qu'il n'y à que
„la puiffance bien ordonnée qui foit
„de Dieu ; Autrement quand elle eft
„déréglée, que ce n'eft pas authorité,
„mais brigandage. Et qu'il eft auffi
„abfurde de dire que celuy là foit Roy
„qui ne fait pas gouverner, & qui eft
„dépourvû d'entendement , comme
„de croire qu'un aveugle puiffe fervir
„de guide, ni qu'une ftatuë immobi-
„le puiffe faire mouvoir des hommes
„vivants.

C 4

Nous

a Chap. 1. v. 7.
b Perefix Hift. de Henri le Grand page 53.

Nous confidérons ces gens la, *a* comme des vagues impetueufes de la Mer qui écument leurs vilennies. Nous n'avons garde de les imiter ni d'apeler comme eux brigandage, ce qu'on commet en France.

Nous difons feulement, que fi la Guerre eût produit toutes ces défolations, & tous les crimes defquels nous nous plaignons, nous les confidérerions comme des fleaux de Dieu, comme un mal de Peine, qui réduiroit l'Etat à une condition paffive pour l'accompliffement de la Juftice Divine & *b* nous nous humilierions fous la main puiffante de Dieu; Mais qu'eftants des effets d'une volonté humaine nous les regardons comme des maux de Coulpe qui provoquent l'indignation de Dieu; Et celle des hommes qui fouffrent.

Outre toutes les violences & les défordres qui peuvent être Commis pendant la Guerre, on a mis encores en ufage la veille d'Efpagne, la veille Florentine, & la veille de Marfille, qui font trois formulaires de torture & de gefne, dont les tribunaux infernaux de l'Inquifition fe fervent. On a plus

prati-

b Epit. Cath. de St. Jude vers. 13.
a 1. Epit. de St. Pierre ch. 5. vers. 6.

pratiqué l'invention de Marſille qu'aucune autre ; Elle conſiſte à faire aſſeoir
un homme ſur un banc entre deux
Bourreaux fort éueillez qui l'empéchent de dormir de nuiĉt & de jour,
& quand ces deux Bourreaux ſont las
& s'endorment eux mêmes , ils ſont
relayez par d'autres frais ; On continuë
ce martyre pendant deux nuits & un
jour, durant quarante heures & plus,
pendant tout ce tems là , ſi le Patient
penſe repoſer , ou ſi ſommeillant il
tombe ſur l'un de ces deux Bourreaux,
il eſt redreſſé à grands coups ſur la tête ; Par ce doux moyen , dit un des
Approbateurs *a* de Marſille , il n'y a
ni force de temperament , ni force d'eſprit qui puiſſe réſiſter , & ſans faire
mourir ni ſans rompre bras ni Jambe,
on fait faire , ou dire à un homme
tout ce qu'on veut.

N'eſt-il pas ſurprenant qu'un Théologien & un Prêtre âppelle un moyen
doux ; Une ſupplice dont les Romains
ſe ſervirent autre-fois pour tuer dans
leurs priſons Perſée Roy de Macedoine *b* & les Cartaginois pour Martyri-
ſer Attilius Regulus.   C 5   Beau

a Binsfeld. comment. concluſ. 5. ad leg,
ſi excepta. cod. de quæſt. quæſt. 1.
b Senec. Opuſ. page 25.

Beau moyen aſſurément & infailli-
ble pour faire dire des Menſonges, &
pour perdre des Innocents.

Qu'ont fait les Empereurs Payens
les plus cruels pour arracher des con-
feſſions à quelque prix que ce fût ?

Ces tortures & ces geſnes ont une
force admirable pour faire Catholiques
tous ceux qu'on veut, ou pour ſe dfai-
re d'eux, & pour acquerir tous leurs
biens par la confiſcation ; C'étoit à peu-
prés là le raiſonnement de Sylla &
d'Auguſte, les Inventeurs & les Infti-
tuteurs de la torture.

Le Diable qui leur avoit ſuggeré cette invention, & qui prétendoit de s'en
ſervir pour opprimer l'Innocence, leur
fournit le prétexte du bien public &
de la juſtice pour colorer cette cruelle
introduction.

Mais prétend-on, que ceux qui ſont
ainſi environnez *a* des cordeaux & des
douleurs de la mort & des peines de
l'Enfer, abjurent véritablement nôtre
Religion & embraſſent la Romaine ?
Les Juriſconſultes & les Canoniſtes ne le
croient pas ; Et le bon ſens ne permet
pas de le croire.

Les

a Pſ. 116. vers 3.

Les Jurisconsultes *a* cassent tous les Actes qui ont été faits par force, ou par crainte de mort, ou par tourmens qu'on à souffert au corps ; Les Loix ordonnent aux juges de les considérer comme nuls, & comme non advenus, & de les casser comme des choses qui ont été faites injustement & méchamment, parce que rien n'est plus contraire au consentement qui est requis dans tous les Actes, que la force & la crainte, & qu'il est contre les bonnes mœurs de les approuver *b* & de les confirmer, à moins *c* qu'on n'y ayt persisté depuis qu'on à été délivré de la

C 6

for-

a Si per vim vel metum mortis, aut cruciatus corporis venditio a vobis extorta est &c. l. 4. Cod. de his quæ vi metusve cauf. l. 5. ibid. ut id quod improbe factum est in priorem statum revolvatur l. 7. ibid. metu mortis factum vel cruciatu corporis extortum vel capitales minas pertimescendo hoc ratum haberi secundum edicti formam non patietur, l. 13. cod. de transact.

b Nihil consensui tam contrarium est qui bonæ fidei judicia sustinet quam vis atque metus quem cùm probare contra bonos mores est, l. 116. Dig. de Div. Reg. Jur.

c Si non postea consensu corroborasti l. 1. Cod. de His quæ vi Met. Cauf.

force & de la crainte ; Exception qui ne peut pas avoir de lieu à l'égard des Réformez, par ce qu'ils ont toûjours dans les os & dans la penſée les tourmens que les Dragons leur ont fait ſouffrir. Et qu'on les ménace toûjours de les remettre dans les mêmes tourmens, ou dans d'autres pareils, ou plus grands s'ils font le moindre ſemblant de ſe retracter.

Les Canoniſtes ſont du même avis; Ils demandent ſi un homme étant contraint par la force à avoir communication avec un excommunié, il encourre l'excommunication ? Ils répondent *a* qu'ils ne croient pas qu'il encourre l'excommunication, par ce qu'il ſouffre, il pâtit plûtôt qu'il n'agit.

Nous raiſonons de même, & nous agiſſons ſuivant ces principes, lors que quelqu'un de ceux qui ont été contraints & comme trainez dans le Papiſme, viennent dans des Lieux de liberté, & qu'ils nous demandent de rentrer dans l'Egliſe, nous les recevons à la Paix

____

a Talem non credimus excommunicatione teneri cum magis pati quam agere convincatur, Decretal. lib. 1. Tit. 40 de Hiſt. quæ vi metuſve cauſa fiunt, Capit. ſacris. eſt canonibus &c.

Paix & à la Communion de l'Eglife ; Nous confidérons qu'ils ont été contraints. Qu'ils ne pouvoient pas faire autrement ; *a* Que des perfonnes furieufes qui avoient la force en main, & qui s'en fervoient les ont ainfi contraints, nous confidérons même la réfiftence qu'ils ont apporté, & la force dont on a été contraint d'ufer envers eux, comme des preuves de l'amour qu'ils ont pour nôtre Religion, & de l'horreur qu'ils ont pour le Papifme ; Et nous confidérons la demande qu'ils nous font, comme une preuve qu'ils perfiftent conftamment, à aimer l'une de tout leur cœur, & à avoir de l'horreur pour l'autre.

L'Edit du mois d'Aouft 1669. les Déclarations du 18. May 1682. & 14. Aouft 1685. par lefquels les Autheurs de la perfécution difent, que le Roy étant informé que grand nombre de fes fujets fortoient du Royaume pour s'aller établir dans des Païs étrangers les en veut empécher, fuivant en cela l'exemple du Roy d'Egypte *b* qui ne permettoit pas au peuple de Dieu de

C 7   s'en

a Stat contra, ftatique Jubet, parere neceffe eft ; nam quid agas cum te furiofus cogat & idem fortior ? *Juven. Satyr. 3.*

b Exode ch. 3. verf. 19.

s'en aller, quoy qu'il le haït, & qu'il le traittât de la maniere du monde la plus cruelle, pour cet effet, il leur fait deffenses à peine de mort de sortir du du Royaume sans sa permission; Et remarquant depuis que ces pauvres Réformez préferoient la liberté de leur conscience à la mort, on commua *a* cette peine en celle de Galeres, que l'on jugeoit être plus effroyable & plus cruelle & qu'on craindroit plus que la premiere, sans doute aussi par ce qu'il y avoit trop de gens qui contrevenoient à ces Déclarations, & que comme on étoit sur le point de révoquer l'Edit de Nantes, on craignoit qu'il n'y en eût encore davantage, comme cela est arrivé, & qu'il n'y eût pas eû assez de potences ni assez de Bourreaux pour punir de mort tous ces contrevenans qu'on ramenoit tous les jours en foule.

L'evasion d'un million de persones qui ont quitté de grands biens & qui sont sortis du Royaume, nonobstant toutes ces ménaces terribles.

La Déclaration du mois de May 1686. qui ordonne, que les Malades qui ne voudront pas prendre la Sacrement, seront condamnez aux Galéres, s'ils guérissent, & que leurs cadavres se-

a Par la Declaration du 14. Aoust 1685.

feront traînez par le Bourreau fur la claye s'ils viennent à mourir; Et que foit qu'ils vivent, foit qu'ils meurent, leurs biens feront confifquez; Les fréquentes exécutions inhumaines qui fe font faites de cette Déclaration, & qui ont ceffé depuis peu feulement à la folicitation du Clergé qui envioit aux Boureaux le gain que cette Déclaration leur procuroit, & qui a jugé qu'il valloit mieux que les Curez enterraffent ces corps afin qu'ils euffent leurs droicts, que de laiffer continuer à donner ainfi leurs droits aux Bourreaux.

Les affemblées fréquentes & nombreufes qui fe font faites, & qui fe font en divers endroits du Royaume, par ceux qui ne peuvent fortir, font des preuves inconteftables que les abjurations que l'on fait font forcées, & qu'on les détefte.

Et enfin l'ordre que les Autheurs de la perfécution ont donné depuis peu d'ôter les armes à tous les Réformez du Royaume, qu'on a fait Catholiques par force depuis cinq ans, font des preuves certaines & infaillibles qu'ils font convaincus qu'on n'a point converti les Réformez que ces gens la font pouffez au défefpoir par les violences qu'on leur a fait, & qu'on exerce tous

les

lés jours sur eux ; Que le joug, sous lequel ils gémiffent leur devient infupportable ; Et qu'on craint qu'ils ne mettent tout en œuvre pour fe mettre en liberté.

On ne croyoit pas fans doute, que cette entreprife auroit un fuccés fi malheureux, on en efpéroit un tout autre; Et on efpére encore qu'il fera dorên'avant meilleur.

Mais furquoy cette efpérance eft-elle fondée ? Eft-ce fur ce qui s'eft paffé dans les fiecles précédents, ou au commencement de celui cy? Cela ne peut étre, car l'expérience nous apprend que les Guerres de Religion ont prefque caufé la ruine des Etats qui en ont êté les Théatres.

Un Ecrivain celebre *a* fait voir que l'Eglife Romaine même a fouffert beaucoup de diminution & de perte à l'égard du temporel & du fpirituel par les Guerres de Religion, qu'elle même avoit excité.

Pendant, (dit-il) que le Catholique & l'Arrien fe combattoient autre fois, Mahomet prit occafion d'introduire une troifiéme Religion ; L'Empereur Charles-V. s'étant Armé contre les

Lu-

a Pafquier recherche de la France Livre 3. chap. 43. fur la fin, & fur tout Livre 6. chap. 26.

,,Luthériens, il se forma une Secte d'Ana-
,,bâtistes de plus pereilleuse conséquen-
,,ce que n'est la Doctrine de Martin
,,Luther. Il y a, ajoute t-il, trente qua-
,,tre ans & plus, que nous avons pris
,,les Armes en France, les uns pour
,,le soûtenement de la Religion an-
,,cienne & Catholique, & les autres
,,pour la nouvelle; Que si vous me per-
,,mettez d'en dire ce que j'en pense, je
,,ne vois point, que nous en ayons rap-
,,porté autre chose que l'athéisme & un
,,mépris de l'une & de l'autre Religion.

Il approuve si peu ces Guerres de Religion, a cause des maux qu'il dit qu'elles ont produit; Qu'il condamne même les voyages d'outre Mer, que nos ancestres appelloient Croisades.

Monsieur de Mezeray les condamne aussi aprés avoir fait voir combien de sortes de grands maux elles ont causé, & rapporte que St. Bernard ayant été sollicité par le Pape à prêcher une seconde Croisade, il s'en deffendit par ce que la premiere avoit fait trop de Vefues & d'Orphelins, ruiné trop de bonnes Maisons, dépeuplé trop de Pays, excité trop de murmures & de reproches. C'est pour ces raisons qu'un

Histo-

Historien trés-savant, *a* dit qu'il aime mieux la paix qui souffre deux Religions, que la Guerre qui n'en a point, & sur tout la Guerre Civile, riche en maux & féconde en morts.

Sans entrer dans un plus grand détail des malheurs qu'elles ont causé dans tous les Lieux où elles ont esté portées, bien loin qu'elles aient produit l'effet qu'on en attendoit dans nos jours, disons que les *Matines de Paris* ou le massacre de la St. Barthelemi du mois d'Aoust 1572. (*b*) qui à duré pendant sept jours dans tout le Royaume; n'a pas empéché qu'il n'ait fallu donner l'Edit de Nantes au mois d'Avril 1598. qu'il ne fallût même dés le mois de Juillet 1573. donner l'Edit de Bologne qui accorde la liberté de conscience aux Réformez de France; Le même Charles IX Autheur du massacre du mois *d'Aoust* 1572. ( ) *& qui avoit dit, qu'il ne vouloit pas qu'il en restât un seul qui le lui pût reprocher,* est contraint de leur rendre la liberté de conscience, avant même que l'année soit Ecoulée.

Char-

a Math. Hist. des 7. années de paix dans l'avert. pag. 7.

b Meizer. Abbr. Chron. tom. 5. pag. 152.

c Ibid. pag. 154.

Charles IX. n'a pas été le premier qui s'eſt vû fruſtré de ſes eſpérances à cét égard, on avoit desja fait en vain de pareilles entrepriſes contre le Chriſtianiſme, & contre nôtre Religion, & on s'en êtoit promis un pareil ſucçés; Les uns les ont combattu à force ouverte, les autres ont commencé à les combattre par fineſſe & par adreſſe; Et comme c'eſt ce dernier moyen qu'on a employé en dernier lieu, contre les Reformez de France nous ferons voir qu'il à êté autre - fois inutile auſſi bien que le premier..

Tous les Hiſtoriens Eccleſiaſtiques nous diſent que l'Empereur Diocletien par exemple, n'avoit point de plus fortes paſſions que d'éteindre entierement le nom de Chrétien ; Il crût même d'en être ſi bien venu à bout qu'il fit dreſſer des Trophées par des inſcriptions inſolentes, qui ſe voient encore dans deux Villes d'Eſpagne. (Pour avoir étendu l'Empire Romain dans l'Orient & dans l'Occident, pour avoir éteint le nom des Chrêtiens qui troubloient la République, pour avoir aboli leur ſuperſtition par toute la terre, & augmenté le culte des Dieux.) Cet Empereur (dit Nicephore Calliſte)

ne

(*a*) ne perſécuta pas d'abord à force ouverte mais en tendant des Piéges & des
Embuſches , & pour ainſi dire en Cachette malgré tous ces artifices le Chriſtianiſme ſubſiſte pourtant encore par la
grace de Dieu.

Philipe Auguſte Roy de France perſécuta (*b*) à force ouverte depuis l'année 1179. juſqu'a l'année 1207. les habitans du Diocéſe d'Albi (appellez Albigeois a cauſe du nom de la contrée
qu'ils habitoient) les habitans du Languedoc, de Cahors, de Bigorre, de
Provence & d'Avignon , ſous prétexte
que ne voulans point recevoir les com-
mandemens de l'Egliſe Romaine, ils
avoient été déclarez hérétiques à Rome ; Mais enfin il ſe laſſa de répandre
leur ſang ; & voiant que la force des
armes étoit inutile il envoya à ces gens
là en l'année 1207. l'abbé de Ciſteaux
& treize autres Docteurs qui paſſoient
pour trés-ſavants pour leur preſcher &
tâcher de les ramener à la foy Catholique,

a Atque equidem primum non uno
ſtatim impetu, perſecutionem contra nos,
ſed inſidioſe atque ut ita dicam clandeſti-
ne eſt aggreſſus , *Hiſt. Eccleſiaſt. Lib.* 7.
Cap. 3.

b Annal. de France ſur les années 1179.
1207. 1215. & 1224.

...lique , mais les annales remarquent que ces gens là trop bien inſtruits & aigris ne firent point de cas de ces Prédications. Le Pape Honorius en ayant été irrité fit publier la Croiſade contre eux , & contre Raymond Comte de Toulouze qui les ſoutenoit , & qui étoit de leur Religion. S. S. donna à tous ceux qui iroient leur faire la Guerre abſolution pléniere de tout pechez mortels & veniels , commis depuis leur naiſſance & qu'ils pourroient commettre juſques à la mort, pourvû qu'ils mouruſſent en cette Guerre. Le Roy leva une puiſſante Armée & leur fit une Guerre ſanglante , on fit une boucherie de ces gens là à bezieres, on en paſſa plus de ſoixante mille tant hommes , femmes , qu'enfans au fil de l'eſpée ; Mais cette effuſion de ſang ne ſervant de rien qu'a augmenter le Parti, bien loin de le détruire, le Pape & le Roy voyans que la force des armes, la terreur de l'excommunication ni les Sermons des Docteurs, ne pouvoient contraindre ces gens là à entrer dans la Communion Romaine, il ſe fit par l'ordre du Roy une aſſemblée des Etats Généraux à Paris en l'année 1224. pour aviſer a ce qu'il y auroit à faire ſur ce ſujet. Conradin Cardinal de

Pro-

Provence y fut envoyé de la part du Pape comme Legat de S. S. ayant toute puiſſance. Et dans cette aſſemblée il fut conclud & réſolu qu'on laiſſeroit à l'avenir ces Albigeois en Paix.

Quoy qu'on leur aye manqué de foy depuis, & qu'en l'année 1540. on ayt fait une effroyable boucherie de ceux de Merindol & de Cabrieres en Provence. Et qu'en l'année 1686. on en ayt détruit cruellement un nombre infini dans les vallées, ils ſubſiſtent pourtant encore par un effet de la grace & de la puiſſance de Dieu, & remplipliſſent le Brandebourg de la bonne Odeur de leur Doctrine & de leurs mœurs.

Les Roys Francois I. & Henry II. ont fait IX. Edits, & les Cours de Parlements ont rendu une infinité d'Arrêts pour tâcher d'abolir la Religion Réformée par le feu & par le fer. Par la plus-part de ces Edits & de ces Arrêts on a abandonné ceux qui en faiſoient profeſſion aux Eccleſiaſtiques, qui leurs ont fait ſouffrir tous les tourmens les plus cruels. Par d'autres on les ſoumettoit aux Tribunaux ſeculiers, & par d'autres on établiſſoit les uns & les autres juges ſur eux ; on a etabli des Inquiſiteurs de la foy pour examiner

ner

ner ceux qu'on soupçonnoit d'en faire
profession. En un mot ces Roys,
leurs Ministres ni les Ecclésiastiques,
n'ont rien oublié pour empécher que
nôtre Religion ne s'établit & pour la
détruire; Cependant ils n'ont pû réüssir dans leurs entreprises; de sorte que
Henri second se plaint dans un Edit
qu'il donna en l'an 1547. de ce que
les rigueurs qu'on avoit exercées auparavant n'avoient produit aucun effet
& donnoient peu d'espérance de réüssir dans le dessein que l'on avoit formé
d'extirper l'hérésie.

Charles-Neuf a entrepris les Réformez à force ouverte. Henry III. a
tâché de les détruire par finesse & par
ruse; Cependant le Ciel n'a pas beni
les remedes violents de Charles-Neuf,
ni les temperammens trop Politiqués
de Henry III. Ce sont les propres
mots qui sont employez par le P. Pierre Joseph D'Orleans Jesuite, dans la
vie du P. Pierre Cotton, dont il est
l'Auteur. *a*

Les rémedes violents ont bien moins
operé que les autres; On a toüjours
vû que les armes & la force n'ont point
peû d'autorité ni de puissance sur la
conscience, ni en fait de Réligion.

Ceux

a Page 2.

Ceux qui les ont emploiez , ont vû, que la conscience comme la Palme resiste d'autant plus qu'elle est pressée, & que le Christianisme & nôtre Réligion ont été comme le Buisson *a* qui apparût à Moyse en Horeb , au milieu des feux & des flammes, sans jamais avoir été consumez , c'est l'effet de la promesse que Dieu a fait à la véritable Eglise ; que les Portes de l'Enfer ne prévaudroient pas contre elle. *b* Il ne luy promet pas, que les Portes de l'Enfer ne l'attaqueront pas, au contraire il luy fait entendre qu'elles feront des grands efforts contre elle ; Mais il l'assure en même tems, qu'elles ne la surmonteront pas.

L'Esperance de nos persécuteurs n'est donc pas fondée sur l'experience du passé , ils croyoient peut-être, que la puissance des Princes qui avoient fait des tentatives sur ce sujet, n'avoit pas été assez grande pour soûtenir leurs efforts ; mais que les forces qu'on avoit dessein d'employer pour la Conversion des Réformez étoient si formidables , qu'elles les intimideroient d'abord , ou du moins qu'elles vaincroient,

&

a Exode ch. 3. v. 2.
b Evang. selon Saint Matthieu chap. 19. v. 18.

& qu'elles furmonteroient leurs réfi-
ftances. Que par les moiens dont on
s'eſt fervi on les feroit entrer dans la
Communion Romaine ; que par lés
mêmes moyens on les y retiendroit,
& qu'enfin ils feroient de néceffité vertu, comme on dit, & qu'ils aimeroient
mieux s'accoûtumer à faire profeffion
de cette Réligion là que de s'expofer
à de nouvelles Perfécutions , ou que
d'être toûjours dans la fraieur ou dans
la crainte.

Les Peuples ont autrefois projetté
des chofes vaines ; Les Roys de la terre fe font trouvez en perfonne, *a* Les
Princes fe font affemblez en un même
lieu contre le Seigneur & contre fon
Chriſt ; Mais le Seigneur a regardé à
leurs menaces, & a donné à fes fervi-
teurs d'annoncer fa parole avec toute
hardieffe , *b* Dieu ne donne point à
fes Enfans un Efprit de timidité, mais
de force, de dilection & de fens raffis.
La plus grand partie des Réformez ne
s'eſt pas laiffé effrayer ni intimider par
les ménaces. Ils ont foûtenu les affauts
des Dragons ; Ils ont fouffert les maux

D qu'ils

a Actes des Apoſt. chap. 4. verſ. 25.
26. & 29.

b 2. Epitre de S. Paul, à Tim. chap 1.
v. 7

qu'ils leur ont fait, pendant autant de tems que Dieu & la nature humaine & foible l'ont permis. * Ils ont enduré les travaux comme bons soldats de Jesus Christ ; Ils ont soûtenu les combats pour la foy. *a* Et ce qu'ils ont entendu dés le commencement est permanent en eux. *b*

Combien même avons nous vû de ces Génereux Confesseurs qui ont eû la fermeté & le courage de dire hardiment à leurs Persécuteurs, *c* Vous ne sauriez me contraindre à faire ou à supporter quelque chose d'indigne de ma

* 2. Ep. de Saint Paul à Tim. chap. 2. v. 3.

a Epit. Cath. de saint Jude v. 3.

b Epit. Cath. de S. Jean ch. 2. v. 24.

c Vir bonus & sapiens audebit dicere Pentheu
Rector Thebarum quid me perferre patique
Indignum coges ? adimam bona nempe pecus, rem
Lectos, argentum, tollas licet in manicis &
Cum pedibus sævo te sub custode tenebo
Ipse Deus, simul atque volam, me solvet, opinor
Hoc sentit, moriar, mors, ultima linea rerum est. *Horat. Ip lib.1. Ep.16.*

ma Réligion. Vous m'ôterez le bien, c'eſt à dire, que vous enléverez mes troupeaux, vous prendrez mes Revenus, mes lits, mon argent. Emportez tout cela ſi vous voulez; Vous me tiendrez ſerré dans des manottes & dans des fers ſous la garde d'un Geolier cruel, Dieu me tirera de ces peines ſi tôt que je l'en auray prié. Je mourray la mort eſt la fin de toutes choſes, & la derniere ligne ou aboutiſſent tous les maux. Ces gens-là n'ont pas ſeulement eû la hardieſſe de combattre, mais ils ont eû la force de remporter une victoire éclatante.

C'a donc eſté en vain qu'on a crû que l'on intimideroit les Réformez par des menaces. Voyons ſi on a pû plus raiſonnablement eſpérer, qu'en cas que les menaces ne les intimidaſſent pas, on pourroit vaincre leurs réſiſtances & les ſurmonter par des tourmens, dont il leur ſeroit impoſſible de ſe délivrer.

Nous pouvons dire ſûrement que cette eſperance n'étoit pas mieux fondée que les précedentes; Nous ne pouvons le faire voir mieux qu'en diſant au ſujet de cette prétention, ce que dit un Hiſtorien *a* tres-ſavant du

D 2

Roy

_a_ Math. hiſt. des 7 ann. de Paix l. 1. narrat. 1.

Roy d'Espagne, qui en avoit une à
,, peu prés pareille. Qu'un Roy de
,, France n'est pas plus grand qu'un
,, Empereur Charles-Quint, ni plus puis-
,, sant qu'un Alexandre. Que celui
,, là, aprés des Guerres qui violerent
,, tous les Droits divins & humains,
,, pour contraindre les hommes au che-
,, min de leur salut, fut contraint de
les laisser cheminer à leur pas, cétui-
ci apprit des Philosophes Indiens,
a qu'il forceroit plûtôt les pierres &
le bois à parler, que leurs esprits à
consentir à ce qu'il désiroit d'eux; &
qu'il n'y avoit ni Roy ni Prince assez
puissant qui les pût contraindre à faire quelque chose contre leur gré.
,, La guerre (ajoûte cet Historien)
,, tout Catholique qu'il est, est juste
,, & sainte qui se fait pour la Réligion,
,, mais c'est contre le Turc, le More
,, & le Payen. C'est injustice & im-
,, pieté d'entrer armé sur les Etats de
,, son voisin, (plus grande encore de
,, ruiner ses sujets & de les désoler)
,, sous

---

a Corpora de loco in locum transferes,
animos non coges, quæ nolint facere,
aut citius lapides aut ligna vocem emit-
tere. Non est Rex aut Imperator qui adi-
gat nos facere ea quæ non decre-
vimus.

,, fous cette couleur , & contraindre
,, des peuples qui ne font point nez
,, fous ces Loix de chercher la voye de
,, leur falut entre les foudres & les éclairs
,, du Canon , les zéles de cette forte
,, font plûtôt ulcéres d'ambition que
,, de confcience. Et ailleurs il dit qu'il
,, eft difficile & dangereux d'ébranler
,, ce qui eft enraciné profondement.
,, Que la reftauration de l'Eglife eft
,, une œuvre de Dieu , auffi bien que
,, l'Edification; Il fe faut réduire à ce
,, qui fe peut & quitter le triomphe &
,, la conquête des Ames à la Sageffe
,, éternelle , qui feule refait & refond
,, les cœurs comme il luy plaît , &
,, donne le fignal à tant d'ames vaga-
,, bondes & égarées pour les faire ren-
,, trer au falut , n'eftant même poffible
,, aux hommes d'impofer aucune né-
,, ceffité aux chofes que Dieu laiffe en
,, liberté comme les confciences qui
,, doivent être auffi libres en un Etat
,, que les penfées. Il eftime que l'hé-
,, refie eft une obftination de l'ame ,
,, qui n'eft point fujette aux tourmens
,, qui font mourir le corps. Que les
,, fupplices découvrent plus la fecte
,, qu'ils ne l'étouffent ; Que la peine
,, qui n'eft ordonnée que pour détour-
,, ner l'affection & la fuitte de la Secte,

D 3 ren-

,, rencontre des ames fi conftantes &
,, fi réfoluës, qu'elle en attire plus dans
,, une heure, que leur vie n'en eût fait
,, dans dix ans. La Conftance de ceux
,, qui furent brûlez au Concile de Con-
,, ftance, & les dernieres paroles qu'ils
,, dirent, donnerent de l'étonnement
,, aux Affiftans, & font encore recueil-
,, lies aujourd'hui comme fueilles de
,, Sybile. Les Chrétiens ont efté déte-
,, ftez & perfécutez étrangement en la
,, naiffance de l'Eglife. On ne leur
,, donnoit autre nom que d'Impo-
,, fteurs; On les accufoit des injures
,, de l'air, de la fterilité des faifons,
,, du débordement des Rivieres, des
,, Tremblemens de terre. L'Empereur
,, Adrien ne voulut pas qu'ils fuffent
,, recherchez en fait de Religion : &
,, Antonin fon Succeffeur, commanda
,, que celui qui les accuferoit fût brû-
,, tout vif. Aprés que tout l'Empire
,, eût reconnu vaine & fans fruit la per-
,, fécution publique des Empereurs
,, Diocletien & Maximin, & que pour
,, un Chrétien qu'on faifoit brûler il
,, en renaiffoit cent de fes cendres,
,, leurs Succeffeurs éprouvérent vérita-
,, ble que les Rois ne commandent pas
,, aux cœurs comme aux corps : Que
,, la Religion ne fe peut forcer, que

la

,, la vérité ne se peut joindre avec la for-
,, ce, ni la justice avec la cruauté, qu'il n'y
,, a rien de si volontaire que la Religion.
,, Les Princes Payens ont souffert
,, les Chrétiens. *a* Decius eût esté
,, loüé pour grand Prince aux Armes
,, & aux Loix, s'il eût moderé ses
,, cruautez contre les Chrétiens : Les
,, Princes Chrétiens ont souffert les
,, Payens, & ne se voit point qu'en-
,, tr'eux le Paganisme ayt esté puni.
,, Les Empereurs Honorius & Théo-
,, dose quoy que brûlans du zéle de
,, l'avancement de leur Religion ne
,, vouloient pas que les Payens fussent
,, forcez à estre Chrétiens, Deffen-
,, dants aux Juges & Présidens des
,, Provinces de les troubler tant qu'ils
,, vivroient sans faire trouble ni sédi-
,, tion aux lieux où ils estoient assu-
,, jettis aux Loix Politiques de l'Em-
,, pire. *b* Les Juifs quoy qu'irrecon-
,, ciliables Ennemis des Ethniques, &
,, de la multitude de leurs Dieux,

D 4 ont

a Decii Imp. vita quæ & Civil. & Milit. fuit,
multos habuisset laudatores, si ab Christian.
Cruciatibus se temperasset, *Pomp. Læt.*

b Ne Judæis ac paganis quiete degen-
tibus nihilque tentantibus turbulentis le-
gibusque contrarium, audeant manus inferre religionis autoritate abusi, L. Christia-
nis Cod. de Paganis, & Sarr.

,, ont demeuré en toute sûreté par-
,, mi les Grecs, les Parthes, les Me-
,, dois, les Elamites, & les Mesopo-
,, tamiens.   On ne les a point chassé
,, de l'Empire Romain : Ils ont eû en
,, tout tems des Synagogues, & prin-
,, cipalement sous l'Empire de Nerva,
,, & d'Antonius Pius : Ils ont vécu
,, paisiblement en France, & quand
,, ils en ont esté chassez, ç'a esté, non
,, pour leur Religion, mais pour leurs
,, usures, & leurs grandes cruautez.

,, Tant-y-a, que jamais les Princes
,, bien conseillez n'ont fait mourir
,, leurs sujets pour les faire croire,
,, n'ont détruit leurs Provinces par la
,, guerre pour instruire leurs conscien-
,, par l'épée, reconnoissans bien que
,, la Religion est Acte d'union, de
,, concorde & d'instruction ; la guerre
,, n'est que sédition & destruction, &
,, ceux qui en ce siecle ont plus remué
,, le Ciel & la Terre pour contraindre
,, les consciences de leurs sujets dans
,, une même Religion, ont esté con-
,, traints à la fin de se reposer, & de
,, les laisser vivre rejettans les conseils
,, de ces mauvais Medecins, qui n'ont
,, que l'antimoine & la saignée pour
,, toute sorte de maladie.

,, Par ces raisons le Roy.........

voyant

„ voyant que la continuation de la
„ guerre n'avoit produit autre fruit
„ que la ruïne de la juſtice & de la
„ pieté, *a* qui ſont les deux vertus qui
„ canoniſent les Princes les deux co-
„ lomnes ſur la Conſtance deſquelles le
„ Grand Clovis fût aſſuré de la durée
„ de cet Etat.

Mais nous n'avons plus beſoin de
chercher des preuves eſtrangeres qui
juſtifient, que les forces temporelles
ſont inutiles ; & ne produiſent aucun
effet ſur le cœur, que la Religion ne
peut eſtre détruite dans l'ame par les
armes, nous en prenons à témoins nos
„ Perſécuteurs. Il eſt avantageux à la
„ vertu de paroître & d'eſtre attaquée
„ diſoit autrefois un ſage Payen, *b* il
„ n'y a perſonne qui ſache mieux ce
„ qu'elle vaut, que ceux qui ont é-
„ prouvé ſes forces, en la voulant per-
„ ſécuter, la dureté d'un caillou ne
„ peut eſtre mieux connuë que par ce-
„ luy qui frappe deſſus. Je m'expoſe
„ (dit cette vertu) comme une roche
„ abandonnée dans la mer, que les
„ flots agitez battent ſans ceſſe de tou-
„ tes parts, qui néanmoins n'en a pas

D 5 chan-

a Pietate & Juſtitia Principes dii fiunt.
Senec. in ludo.

b Opuſc. de Seneque chap. 27

,, changé de place , & qui depuis tant
,, de fiecles n'a pû eftre renverſée par
,, leurs atteintes perpetuelles, attaquez
,, moy donc tant qu'il vous plaira ,
,, faite contre moy des efforts je vous
,, furmonteray par ma patience.   On
,, exerce vainement ſa force , & l'on
,, ne l'emploïe qu'à ſa perte toutes les
., fois que l'on s'attaque à ce qui eſt
,, ferme & invincible : Cherchez donc
,, quelque matiére plus molle , & qui
,, céde plus facilement où vos traits
,, puiſſent s'attacher.   C'eſt un diſcours
,, que nous empruntons de ce ſage
,, Payen , pour appliquer à nôtre Religion , & que nous adreſſons de ſa part
à nos Perſécuteurs.

On ne devoit donc pas croire que
la puiſſance formidable qu'on vouloit
emploïer contre les Réformez fût capable de les intimider , & de les obliger à faire volontairement, ce qu'on
croioit qu'ils craindroient qu'on ne leur
fît faire par force. On devoit encore
moins croire que cette puiſſance fût capable d'effacer les lumieres qu'ils
avoient.

Aprés avoir ainſi fait voir qu'on a
trompé le Roy en luy promettant des
choſes impoſſibles , voions ſi les ſuittes
de l'entrepriſe contre les Réformez ,
dans

dans laquelle on s'est malheureusement engagé, ne doivent pas obliger à quitter le dessein formé de perdre les Protestants : d'autant plus qu'il paroît déja que l'exécution entiere en est impossible.

CHAPITRE SIXIEME.

ARGUMENT.

Quels effets la persécution peut produire. Qu'il est quelquefois permis de se deffendre. Que les injustices qu'on fait aux Réformez leur donnent ce droit. Quatre Objections du Clergé. I. Que les Réformez n'ont point de Chef. II. Qu'on le a déjarmé. III. Qu'ils font en petit nombre. IV. Que leurs entreprises feront injustes, & qu'on les en châtiera. Qu'ainsi ils ne font pas à craindre.

IL y a deux choses qui irritent les peuples. *a* La premiere est le Ravissement de leurs biens, & les pertes & les Dommages fréquens qu'on leur fait souffrir. La seconde est la privation des Priviléges & des Libertez qui leur avoient esté accor-

D 6

dez,

____
a Damna movent populos. *Lucan. lib. 3.*

dez, *a* la perte qu'ils en font, leur eſt incomparablement plus ſenſible que le refus ne leur eût eſté lors qu'ils les demandoient.

Mais on peut dire, que leur colére dégénere en déſeſpoir, & en fureur, lors qu'on les trompe, & qu'on les fait périr contre toute ſorte de droit & d'équité par les mêmes moyens qu'ils croyoient avoir trouvé pour aſſurer leur liberté. *b*

Tout le monde demeure d'accord, qu'il n'y a point de guerre plus juſte, *c* que celle qu'on entreprend pour tâcher de ravoir ce qui eſt injuſtement uſurpé; Ni que celles qu'on ſoûtient pour arrêter; ou pour repouſſer ce qui nous veut opprimer.

La Nature excite-elle-même toutes les

a Omnes gravius iraſcuntur ſi ſemel conceſſis pri ventur quam ſi ſperatis fruſtrentur. *Dion. Haly. lib.* 5.

b Nulla Juris ratio aut æquitatis benignitas patitur, ut quæ ſalubriter pro utilitate hominum introducuntur, ea nos duriore interpretatione contra ipſorum commodum producamus ad ſeveritatem. L. 25. Dig. de leg.

c Juſtum eſt bellum quod propter res nobis captas. repetitas, & non reſtitutas ſuſcipitur. *Tit. Liv. lib.* 1.

les Créatures à entreprendre & à foû-
tenir les guerres qui ont l'un de ces
deux principes.

Les bêtes les plus douces fe deffendent contre celles qui les attaquent,
les Agneaux heurtent les Agneaux : les
Colombes qui n'ont point de fiel ne
laiffent pas de réfifter avec le bec &
avec les aîles.

Un petit garçon tirant autrefois par
une feneftre une fouris qu'il avoit prife : Cét animal s'étant retourné &
l'aiant mordu à la main , il fut contraint de le lâcher , de forte qu'il s'en-
fuit ; Agefilaus qui regardoit ce com-
bât, le montra à tous ceux qui étoient
alors prés de luy , & leur dit ces paroles, *a* fi une auffi petite befte a bien
le courage de fe deffendre contre ceux
qui luy font du tort ; Jugez ce qu'il
eft raifonnable que les hommes
faffent.

L'Edit de Nantes pourvoioit à la
fureté des perfonnes & des biens des
Réformez de France. La Révocation
de cét Edit les a abandonné au Pilla-
ge & aux Infultes des Troupes info-
lentes & déréglées. Elle leur a ôté le
droit & le Privilége qu'ils avoient de
vi-

a Plutarq. Oeuvres mor. Trad. d'Amiot
tom. I. pag. 664.

vivre en france , & d'y faire une profeſſion libre & publique de leur Religion ; Les Réformez ſont juſtement
irritez de ces deux injuſtices qu'on
leur fait ; celle qui naît de la privation de ces Droits , & de ces Priviléges eſt bien plus grande , que n'eût
eſté celle qu'on leur eût fait en les
leur refuſant ; Il leur eſt incomparablement plus ſenſible de s'en voir privez qu'il ne leur eût eſté de ne les a-
voir jamais eu. Il y a deux raiſons
de ſens commun qui nous le font croire , & qui doivent ce nous ſemble le
perſuader aux autres : La premiere eſt,
que les Réformez avoient avant l'E-
dit de Nantes la liberté de ſe retirer
où bon leur ſembloit en cas qu'ils per-
ſiſtaſſent à faire profeſſion de leur Religion. Ils pouvoient tranſporter leur
Domicile en d'auttes Pays du conſentement meſme du Roy Régnant alors,
ou meſme contre ſon gré , s'il eût voulu l'empêcher ; Car puis que nos Ennemis diſent , qu'ils étoient aſſez forts
pour contraindre leur Souverain dans
ſon Royaume à leur donner l'Edit ,
combien plus de facilité euſſent-ils eû
à ſe retirer s'ils euſſent voulu , ſans
que leurs perſonnes ni leurs biens en re-
çûſſeit la moindre in commodité ni la
moindre perte.   La

La seconde raison est, que les Réformez étoient avant l'Edit dans un mouvement continuel, toûjours entre la crainte & l'espérance; Cette incertitude les tenoit dans la disposition de se défendre, de souffrir ou de sortir.

Lors que la révocation de l'Edit à été publiée, les Réformez avoient en France des establissements fermes & solides, ils étoient tous pour ainsi dire des enfans de paix, tant parce qu'ils avoient été élévez dans le repos & dans le calme, que parce que leur genie & leur intérest les obligeoit à souhaitter la paix, (a) comme aux jours de Noé, ou comme aux jours de Loth, ils mangeoient; Ils beuvoient; Ils prenoient & bailloient à femme; Ils achetoient; Ils vendoient; Ils plantoient & ils batissoient; Il leur êtoit par conséquent fort fâcheux & fort préjudiciable d'être contraints à quitter leur Patrie; Cependant la gesne dans la qu'elle on mettoit leur corps & leur ame les ayant disposé à tout quitter, pour chercher un lieu de liberté; Ils ont trouvé des obstacles presque insurmontables qui les empéchoient de satisfaire à cette cruelle nécessité dans laquelle on les mettoit. On avoit
pré-

a S. Luc. ch. 17. v. 26. 27. & 28.

prévû quelle feroit la conduite que les mouvemens de leurs confciences leur feroit tenir ; Et comme on avoit réfolu de les contraindre, les deffenfes de fortir du Royaume étoient déja faites ; Les Frontieres étoient desja gardées, de forte qu'ils ne pouvoient fuir qu'en abandonnant la plus grande partie de leurs biens, qu'en rifquant beaucoup pour leurs perfonnes, & qu'en Effuyant des fatigues, des foins, des chagrins, & d'autres incommoditez prefque infupportables. Aprés leur avoir fait l'injuftice de ne pas les vouloir laiffer vivre en paix, on leur faifoit encores celle de les empefcher de chercher un lieu dans lequel ils pûffent être en liberté ; C'eft à dire, qu'on vouloit avoir le plaifir de les tourmenter. Cruautez bien dignes de Chrêtiens, & qui fait grand honneur à ceux qui les exercent. On ne veut plus, dit on, de Religion Réformée dans le Royaume, cette volonté eft-elle jufte ? On en peut juger par tout ce que nous avons dit ci-deffus ; Mais préfuppofé qu'elle le foit, il falloit donc laiffer fortir du Royaume tous ceux qui en avoient deffein, & qui faifoient des éfforts pour cela, & non pas leur faire fouffrir tant de maux ; Ils

étoient

étoient dans la bonne foy à tous égards,
nonseulement en ce qu'ils croient leur
Religion bonne, mais auſſi en ce que
la liberté d'en faire profeſſion leur étoit
donnée par un Edit, au quel on avoit
donné les qualitez de perpétuel & d'ir-
révocable.

Il ne s'agiſſoit pas de ſavoir ſi la Religion Réformée étoit bonne ; Il n'eſtoit
queſtion que de ſavoir ſi, t'elle qu'elle
eſt, elle eſtoit permiſe en France ; S'il
eût été néceſſaire de terminer la premiere queſtion avant que de déliberer
ſur la ſeconde, jamais on n'eut eû de réſolution ſur l'une ni ſur l'autre ; Les
Docteurs de l'un & de l'autre parti
ſoûtenant tousjours conſtamment pour
& contre, il y eût eû des conteſta-
tions éternelles qui euſſent produit des
animoſitez des diviſions & des Guerres
Civiles ; Pour prévenir ces deſordres
ſans décider de la qualité de la Religion, il à été réſolu par l'Edit de Nantes, qu'elle ſeroit receuë en France,
& qu'elle y ſeroit ſoufferte ; Voila donc
une queſtion jugée & terminée aujour-
d'hui que les choſes ont changé de face,
qu'elles ne ſont plus en leur entier. A
l'inſçû des Réformez, non ſeulement
on propoſe. Si la Religion Reformée
doit être receuë en France, mais même

me on juge qu'elle n'y doit pas être receuë ni permise. Et quoy que ce soit l'affaire des Réformez, sans les entendre pourtant on juge qu'il faut que tous les habitans du Royaume soient Catholiques Romains, & on exécute ce jugement en même tems qu'on le prononce ; On a porté par tout en même tems l'éclair, le bruit & le coup on renouvelle des differents terminez; Action que nos Loix *a* appellent méchante & criminele , & qui repugne aux Régles de la raison & de la justice.

Cette enchâinure d'injustices en rend les Autheurs odieux aux gens de bien , même à ceux , qui n'y ont point de part , & excite une juste colére dans ceux qui souffrent.

Et lors que ces derniers considerent que l'Edit de Nantes leur a ôté des mains les armes avec les qu'elles ils se deffendoient ; Qu'une fausse paix, dont il sembloit qu'il les faisoit jouir les a endormis. Que leurs ennemis se sont prévalus de leur assoupissement pour se fortifier & pour les désarmer ; Que cét Edit qu'ils croioient leur avoit esté donné

né

a Post absolutum enim dimissumque judicium nefas est litem alteram consurgere ex litis primæ materia. 3. cod. de fructib. & litium. expensis.

né pour un gage de la seureté de leurs personnes & de leurs biens, est le principe & la cause de leur ruine ; En un mot, que cét Edit qu'ils regardoient, comme leur bouclier est un piége dans lequel ils sont tombez, qu'il est par la malice de leurs ennemis la source des maux qu'ils endurent. Leur émotion, n'est plus une simple colére, elle devient violente, elle ne leur laisse plus de repos, elle les pousse sans cesse à empescher le Cours de ces injustices & de ces cruautez qu'on exerce contr'eux, & à se vanger des torts & des perfidies qu'on leur à fait. Ce sont là des sentimens que la nature inspire a tous les animaux ; Si comme nous le disoit tantôt Agesilaus, une petite beste a bien le courage de se deffendre, jugez ce qu'il est raisonnable que les hommes fassent ?

Les Philosophes disent, que la colére & la hardiesse ne sont qu'une mesme passion ; Qu'elles ont toutes deux le mal pour objet ; Qu'elles l'attaquent, & qu'elles lui veulent öter la puissance de mal faire.

Qu'y a-t-il donc à craindre des pauvres Réformez traitez injustement, & poussez au désespoir; animez comme ils sont par la considération des injustices qu'on

leur

leur fait , par le fentiment des maux qu'ils endurent , & par la jufte crainte qu'ils ont de n'en eftre jamais délivrez, ils oferont tout entreprendre ; La ma-xime d'Enée qui porte que l'unique fa-lut des vainçus eft de n'en point efpé-rer *a* eft trop ancienne & trop com-mune pour n'eftre pas fçuë de la plus part d'eux ; Et l'expérience a fait voir trop de fois , qu'elle eft trés-jufte & trés-veritable , pour croire qu'ils ne la pratiqueront pas.

Mais que feront-ils, dit-on , ils n'ont point de Chefs , on les a défarmé, & ils font en fi petit nombre , qu'il fera tousjours fort aifé de les deffaire, leurs entreprifes feront injuftes on les en châtiera. Examinons ces raifons, voyons fi elles fuffifent pour affurer nos ennemis , & pour leur ôter tout fujet de crainte & de deffiance.

CHA-

---

a Una falus victis nullam fperare falu-tem Virg. Æneid. lib. 2.

CHAPITRE SEPTIE'ME.

ARGUMENT.

Réponse à ces objections. Que les Réformez ne font pas à méprijer. Qu'une simple émotion au dedans nuit plus à un etat qu'une grande Guerre au dehors. Raifons & exemples qui le juftifient. Qu'on ne perfuadera pas aux Princes Cathol. que les Princes Proteftants entreprennent une Guerre de Religion : Que les Princes Catholiques ni même le Pape n'approuvent pas la perfécution de France. Avis falutaires à la France, qu'elle ne les doit pas méprifer. Ce qui arrivera fi elle les méprife.

LE Peuple de Dieu, qui étoit autrefois en Egypte n'avoit point de Chef, le cruel Pharao, fous la domination tyrannique duquel il gémiffoit, ne croioit pas qu'il en pût avoir, ce peuple même n'en avoit pas la moindre efpérance ; Il pouffoit tous fes foupirs vers le ciel ; Cependant Dieu aiant vû fon affliction, il eft defcendu pour le délivrer de la main des Egyptiens ; Il à employé pour cét ef-

fet

fet un *a* Moyfe Berger du Troupeau de Jethro , homme fans apparence , qui avoit la bouche & la langue em-péchée.

Combien d'exemples moins mira-leux que celui-là pourrions nous allé-guer de peuples opprimez à qui Dieu dans leurs preffantes néceffitez a en-voyé des Chefs & des Protecteurs contre toute apparence , & contre toute efpérance. Nous voulons nous difpenfer de rapporter les anciens , & ceux que les Païs efloignez nous peu-vent fournir, les préfens qui vivent & qui agiffent fous nos yeux font bien plus d'effet fur nos efprits que ceux que nous ne voions que par écrit, qui font morts , & dont il ne nous refte que le fouvenir.

N'eft-il pas vray qu'on avoit com-ploté & concerté la perte & la ruïne des Anglois , par l'abolition de leurs Loix ? Que Jacques fecond travailloit avec fuccés depuis fon avenement à la Couronne à rendre fon pouvoir abfo-lu pour être plus en état d'exécuter fes projets ? Qu'il avoit abbatu un Parti qui s'oppofoit à fes deffeins ? Qu'il avoit détruit un Prince qui en eftoit

---

a Exode ch. 3. v. 1. & 7. & 10. & ch 4. v. 10.

eſtoit le Chef, & que l'on conſidéroit, comme le ſeul, qui pût à l'avenir ſe mettre à la tête des mécontens? Que l'on trouvoit moins de réſiſtance qu'on ne s'êtoit imaginé dans l'exécution de ce deſſein : car on ne demandoit point de ſecours à la France, quoy qu'il paroiſſe par la Harangue que le Clergé fit au Roy le 14. Juillet 1685 ? Qu'on croioit que le Roy d'Angleterre en auroit beſoin pour pouvoir réüſſir dans ce grand deſſein ?

Tout alloit à ſouhait pour le Roy d'Angleterre, il n'y avoit plus perſonne qui ne crût que c'eſtoit fait des Anglois & de leurs libertez ; Leur Roy ne craignoit pas que la Nation ſe ſoulevât, parce qu'elle n'avoit point de Chef ; & quand elle ſe fût ſoulevée il êtoit puiſſant, & outre ſa puiſſance, il pouvoit diſpoſer pour ce ſujet des forces & des Finances de la France, qui lui avoit promis d'empeſcher qu'aucune puiſſance étrangere ne le troublât, & de l'ayder pour ſubjuguer ſes propres ſujets, en cas qu'il ne pût pas le faire ſeul ; Les Anglois eux mêmes ne voioient pas de reſſource, & ne croioient pas qu'il y eût aucun reméde capable d'empécher leur ruïne.

Cependant Dieu ſuſcite un Prince,
qui

qui arrête les progrés du Roy ; Qui reléve le courage abbatu des Anglois, qui leur rend leurs libertez , & qui rend aux Loix la force & l'authorité qu'elles avoient perduës. Ce Protecteur envoié de Dieu , pour deffendre la Justice & l'Innocence ôprimée; tient d'un coup en sujettion & se rend Maître avec une poignée de monde & sans coup férir les deux plus fiers & plus puissans Roys de la terre; Il soûmet l'un aux Loix & à l'autorité d'un Parlement, & il met l'autre dans la facheuse nécessité de voir périr son Allié , & son ami, sans pouvoir le secourir en aucune maniere.

Qui eût dit , il y a seulement quatre mois que les Roys d'Angleterre & de France seroient aujourd'huy réduits à ces extrémitez ? Ne croioit-on pas alors & toutes les apparences ne vouloient-elles pas qu'on crût que le Roy d'Angleterre seroit absolu & son Peuple soûmis ; *a* Dieu nous fait voir le contraire ; Il se sert du Prince d'Orange pour faire cette grande Action. Ce Prince qu'on a traitté jusques icy

avec

a Turne , quod optanti divum promittere nemo
tere nemo
Auderet, volvenda dies en attulit ultro.
Virg. Æneid. lib. 9.

avec tant de mespris & avec tant d'in-
dignité sous prétexte qu'il étoit jeune,
& qu'il osoit entreprendre des grandes Actions. Nous lisons que Darius
ayant appris que Alexandre partoit de
la Macedoine, avoit envoyé des lettres à tous ses Gouverneurs, & à tous
ses Capitaines, par lesquelles il leur
commandoit, qu'ils fissent souvenir à
coups de verges cet enfant de Philippe, de son âge, & de sa condition;
& qu'en suitte l'ayant revêtu d'une
robbe de couleur de pourpre, ils luy
amenassent au plûtôt ce jeune furieux
enchaîné; qu'ils missent à fonds ses
vaisseaux avec tous ses gens de Mer,
& qu'on fit passer ses soldats aux ex-
tremitez de la Mer Rouge : Que cependant Alexandre défit Darius, &
conquit tout son Royaume. On a tenu
il n'y a pas fort long-tems des discours
à peu prés pareils contre le Prince
d'Orange : il n'est pas impossible que
ce qui est arrivé à Darius, n'arrive
dans ce siecle à ceux qui comme luy
paroissent si assûrez de l'avenir. Les
voyes de Dieu ni ses pensées ne sont
pas les nôtres : Il nous montre aujour-
d'huy par un effet de sa toute puissan-

E ce

_a_ Supplemen. de Freinsheim. sur Quint.
Curce trad. de Vaug. lib. 2. pag. 142.

ce ce que nous croyons hier ne pouvoir jamais eftre vû. Il nous fait voir
par là qu'il eft Maître des Anges, des
hommes & des Démons.

On a tâché de rendre l'Action Heroïque du Roy Guillaume odieufe en
la nommant ufurpation, & on tâche
de donner de l'horreur pour fa perfonne facrée, en publiant qu'il a violé les Droits de la Nature en depoüil-
lant fon Beaupere de la Royauté, mais
les Déclamations & les libelles diffa-
matoires que la France publie luy font
plus de tort qu'au Roy Guillaume, ils
ne fervent qu'à montrer le chagrin
qu'elle a d'avoir perdu un Allié dont
elle difpofoit & de voir un Ennemi
puiffant qu'elle redoute, en état de la
réduire à fes juftes bornes. Car l'hiftoire nous fait voir des fils & des gen-
dres & d'autres proches parents dans
l'Empire, en Angleterre, & en France mefme qui ont fait dépofer leurs
Peres & Beauperes de la Royauté,
parce qu'ils gouvernoient mal les E-
tats dés qu'ils en avoient lafconduitte,
& qu'ils y caufoient un grand defordre,
un Lothaire par exemple en France
fait depofer Louis le Debonnaire *a* fon
Pe-

a Mezeray Abbregé Chronol. tom. 1.
pap. 301, & 302.

Pere. Charles VII. encore Daufin a tenu la campagne avec une armée contre fon Pere Charles VI. & s'eft oppofé à fon Gouvernement parce qu'il ruinoit l'Etat, & qu'il défoloit le Royaume. *a* Un Henry V. dépouille de l'Empire Henry IV. fon Pere *b* de l'âvis & par l'autorité de tous les Princes affemblez à Mayence. Mais fans m'engager à alleguer tous les exemples de cette Nature il fuffit à mon âvis de propofer l'exemple de Louis Fils de Philippe Augufte Roy de France Neveu de Jean Roy d'Angleterre avec toutes fes circonftances, & pour n'en obmettre aucune, voicy l'Extrait de Mr. Mezeray qui rapporte l'hiftoire tout au long. *c*

„ Comme Louis étoit encore en ces „ Pays là, les Seigneurs Anglois luy „ envoyerent offrir la Couronne d'An-„ gleterre, & luy demander affiftance „ contre les Tyrannies de Jean qui étoit „ excommunié par le Pape; Et qui leur

E 2   avoit

a Mezeray Abbregé Chronolog. tom. 3. dans la vie de Charles VI.

b Ibid. tom. 1. pag. 339. Voy auffi l'hiftoire de l'Empire par le Sr. Heiff. tom. 1. pag. 167. & fuivantes.

c tom. 2. pag, 628. & fuivantes.

,,avoit ravi leurs Libertez & Priviléges,
,, à caufe de quoy ils avoient pris les
,, armes pour le détrôner. Ils avoient
,, pour eux la Ville de Londres & quel-
,, ques autres Places : néanmoins leurs
,, affaires n'alloient pas trop bien & le
,, defefpoir les contraignit de chercher
,, leur falut dans un fecours étranger.

,, Le Tyran voyant fa perte infail-
,, lible ne feignit point d'avilir la di-
,, gnité de fa Couronne pour acquerir
,, la protection du Pape. Il le fatif-
,, fit donc & fe rendit fon Vaffal &
,, Tributaire de mille marcs d'argent.
,, Mais cet abbaiffement ajoûta le mé-
,, pris à l'exécration que fes fujets a-
,, voient pour luy. Or le Saint Pere
,, réfolu de proteger hautement fon nou-
,, veau Vaffal, excommunia les An-
,, glois, & envoya un Legat en Fran-
,, ce pour detourner Louis de cette en-
,, treprife, & prier le Roy Philippe de
,, le retenir.

,, Philippe protefta de tout refpect
,, & obéiffance au Saint Siege ; mais
,, dit qu'il ne pouvoit pas impofer à
,, fon Fils la néceffité de ne point pour-
,, fuivre les Droits de fa femme qui
,, étoit Niepce du Roy Jean. Ainfi
,, Louis accepta la Couronne d'Angle-
,, terre, alla avec un grand équipage
des-

„ descendre en l'Ile de Tanet , & de
„ là à Londres , où il fut sacré & cou-
„ ronné solemnellement.

„ Jean exclus de sa Ville Capitale
„ se retira à Winchester , & par sa fui-
„ te luy donna tout loisir de recueillir
„ les hommages de toute sa Noblesse,
„ & de s'asseûrer des environs de Lon-
„ dres. Le Legat n'ayant pû arrester
„ Louis par ses Remontrances , l'ex-
„ communia luy & ses adherants , mais
„ il en appella au Pape (on n'avoit
„ pas encore trouvé le moyen d'ap-
„ peler au Concile) & ne laissa pas
„ cependant de réduire le Pays de
„ Sudsek. Et toutes les Régions Au-
„ strales horsmis les Places de Vindsord
„ & de Douvres.

„ Les Ambassadeurs plaiderent for-
„ tement sa cause à Rome. . . . .
„ Et firent voir que le Royaume , puis-
„ que Jean en estoit exclus , appartenoit
„ à sa Niéce femme du Prince Louis
. . . . Cependant le Roy Jean
„ qui rodoit par l'Angleterre haïssant
„ tous ses sujets & haï de tous vint à
„ mourir de poison , qui à ce qu'on
„ croit luy fut donné par un Moy-
„ ne.

Je laisse à quiconque lira cette histoire la liberté de faire le iuste pa-

ral-

ralléle & à remarquer le rapport qu'il
y a de cette hiſtoire , avec celle du
Roy Guillaume que tout le Monde
ſçait.

Je feray ſeulement cette Réflexion
que perſonne ne prît le parti de Jean
Roy d'Angleterre , excepté le Pape ,
tous les autres Princes de l'Europe ap-
prouverent la conduite de Louis , le
Pape même ne s'intereſſa pas pour
Jean pour des motifs de pieté , de Religion , de juſtice , ni meſme d'eſtime
pour ce malheureux Prince : Car il
l'avoit excommunié peu auparavant.
Et Louis au contraire étoit bon Catholique ; Ils avoient eû de grands
démelez enſemble.   Voicy ce qu'en
dit Mr. de Mezeray. *a*

Le Roy Jean s'opiniâtrant à ne point
,, recevoir pour Archevêque de Can-
;, torbery le Cardinal Eſtienne Lang-
,, ton que les Moines de Ciſteaux a-
,, voient élû au gré du Pape mais ſans
,, le conſentement du Roy , & le Pape
,, ſe roidiſſant à maintenir ſon Election,
,, la querelle s'échauffa ſi fort que le
,, Pape envoya à trois Evêques d'An-
,, gleterre une ſentence d'Interdit pour
,, la jetter ſur tout le Royaume. Jean
,, en fut ſi irrité qu'il confiſqua tous les
biens

a Tom. 2. pag. 616.

,, biens des Ecclesiastiques & résolut
d'abolir entierement les Evêques dans
,, ses Terres & leur commanda d'en
,, sortir incontinent.

Ce fût donc le Tribut de mille marcs
d'argent que Jean donna au Pape (qui
étoit Innocent III.) & ce furent toutes les satisfactions qu'il luy fit qui le
porterent à prendre son Parti ; En un
mot l'interest particulier luy fit prendre part dans cette avanture ; L'affaire de Louis réüssissant, le Pape perdoit un Vassal & en même tems un Tribut considerable.

De mesme nous voyons que toutes
les puissances de l'Europe & mesme
le Pape approuvent la conduite du Rói
Guillaume : toutes le reconnoissent pour
Roy légitime, excepté Louis XIV.
il ne s'interesse pas pour Jacques II.
par des motifs de Pieté, de Religion,
de justice, ni mesme d'estime pour ce
malheureux Prince. Les Alliances
qu'il contracte avec l'Ennemi du nom
Chrétien, la Rebellion qu'il a excitée
& qu'il entretient en soûtenant le fameux Tekely, les Divisions qu'il a causé en diverses Cours de l'Europe par
ses Ambassadeurs & ses Envoyez, &
par son argent, font bien voir qu'il
ne seroit pas plus scrupuleux que Louis

E 4   dit

dit le Jeune l'un de fes Prédeceffeurs, *a* qui arma contre Henry Roy d'Angleterre, fes propres Enfans. Et qui foûtint la rébellion de ces Enfans contre leur Pere, fi fon intereft le vouloit. Toute la conduite du Roy depuis plufieurs années fait bien voir, qu'honneur, parenté, alliance, & confcience cédent facilement à fes interefts, à fon caprice, & à fon ambition. Les Motifs de Louis XIV. font donc les mefmes à peu-prés que ceux d'Innocent III. Il y a feulement cette différence que Louis XIV. fulmine & tonne contre ces fortes d'avantures, parce qu'elles font de dangereux exemple, & qu'il craint qu'il ne prenne envie à Louis Dauphin de France de les imiter ce qu'Innocent III. n'avoit pas à craindre.

Nous lifons *b* qu'autrefois Clotaire Roy de France n'ayant plus d'Ennemis tourna tous fes foins à régler fon Etat, & à y remettre l'ordre. Qu'il rêtablit dans leurs biens tous ceux qui en avoient été injuftement dépouillez ; Qu'il abolit tous tous les Impôts qui avoient été mis fans le confentement du Peuple François, par Brunehaud

a Mezeray tom. 2. pag. 580. & 581.
b Mezer. tom. 1. pag. 103.

haud & par Thiery. Qu'il revoqua
tous leurs dons exceſſifs , & qu'il re-
prit tout ce qui avoit été uſurpé ou
aliené de ſon Domaine groſſiſſant la
ſource de ſes Finances en même tems
qu'il déchargeoit ſes Peuples. Car
(dit l'Hiſtorien) il avoit appris par
le malheur de Brunehaud que les ſujets abandonnent facilement le Prince
qui les opprime.

La France eſt en Guerre contre
pluſieurs Princes de l'Europe ; Plu-
ſièurs de ſes habitans aimeront beaucoup mieux tomber entre les mains
d'un d'eux pour vivre en paix , que de
demeurer ſous le Gouvernement de
gens qui ſous prétexte de leur vouloir
faire du bien leur font une Guerre é-
ternelle.

Le premier qui leur offrira la Liberté & la Paix ſera leur Chef & leur
Protecteur ; Dés que quelqu'un leur
viendra dire *a* ſecoue la poudre de deſſus toy , léve toy & t'aſſieds ; Délie
toy des liens de ton col, fille de Sion
qui eſtois captive ! Ils s'écrieront auſ-
ſitôt , *b* combien ſont beaux ſur les
Montagnes les pieds de celuy qui apporte bonnes nouvelles & qui publie

E 5 la

a Eſa. ch. 52. v. 2.
b Ibid. v. 7.

fa paix, qui apporte bonnes nouvelles touchant le bien, & qui publie le falut, qui dit à Sion ton Dieu régne! Ils le confdéreront comme leur Libérateur & leur Sauveur temporel ; Ils étendront leurs vétemens par le chemin ; *a* Ils couperont des rameaux des arbres & les épandront par le chemin; Ils crieront, Hofanna, Benit foit celui qui vient au nom du Seigneur.

On ne pourra attribuer ce changement de Domination, ou du moins ce penchant à en changer, à une inconftance, ou à une infidelité Criminelle; Le Roy doit fe plaindre de fon Clergé & les attribuer aux pérfidies & aux violences qu'on commet, qui en font caufe. Un Romain ayant autrefois demandé à Alaric Roy des Wifigots la permiffion de paffer par l'Aquitaine, & luy aiant donné fa foy & fa parole, qu'il n'y entreprendroit rien, fit pourtant donner combat le propre jour de Pâque au Roy Alaric, par des gens qu'il avoit apoflé ; Et le furprenant ainfi le deffit, & fe faifit du Pays. Alaric quelque tems aprés mit Rome à feu & à fang. On a demandé lequel des deux avoit été le plus barbare

a St. Marc ch. 11. v. 8. & 9,

re & le plus injuſte ; *a* l'Ecrivain qui nous raporte l'hiſtoire dit : Qu'on a eſtimé, que le Romain avoit violé le Droit des gens, qu'il avoit fait un tour de filou & de Barbare ; Mais qu'au contraire Alaric émeu & pouſſé du deſir d'une juſte vengeance avoit fait ce dont toute Ame Noble & Génereuſe ne permettoit pas qu'on ſe diſpensât.

b Les Thêbains pouſſerent autrefois les Phociens à telle extrémité, qu'ils furent contraints de voler à Delphe l'or & l'argent qui étoit dans le Temple d'Apollon ; encore que l'action des Phociens fut odieuſe, parce qu'elle étoit ſacrilége ; Ils ne furent pourtant pas ſi blâmez que les Thébains qui les avoient réduits à l'extremité de la commettre. Les Phariſiens Modernes contraignent les Réformez à ſe conformer à la tradition des Anciens. Et les Réformez diſciples de Jeſus Chriſt ſe conformants à ſa volonté, diſent qu'ils ne veulent pas outrepaſſer le Commandement de Dieu par des traditions. *c*

Voilà deux Ordres differents ;

E 6

Nul

<hr>

a Paſquier Recherches de la France livre I. page 10.

b Juſtin. lib. 3.

c Matth. ch. 15. v. 1, 2. & 3.

a Nul ne peut fervir à deux Maîtres : Il eft vray qu'en France on ne demande que l'exterieur, & qu'on laiffe l'interieur à Dieu : Mais *b* une fontaine peut-elle jetter d'un même trou le doux & l'amer ? Non, il faut donc eftre fidele à Dieu ou à nos perfécuteurs, obéïr à l'un ou à l'autre ; *c* Or qu'on juge s'il eft jufte devant Dieu d'obéïr aux hommes plûtôt qu'à Dieu ? Saint Pierre & les autres Apôtres *d* ont déja décidé qu'il falloit obéïr à Dieu plûtôt qu'aux hommes : Et fans nous informer de l'avis de nos Ennemis, nous déclarons que nous voulons nous en tenir au jugement des Apôtres.

La Réfolution eft prife d'obéïr à Dieu plûtôt qu'aux hommes ; A la premiere occafion qui fe préfentera les pauvres Perfécutez fe déclareront hautement & fe mettront en eftat de l'exécuter ; Ils reléveront *e* leurs mains qui font lâches, & leurs genoux qui font déjoints.

Mais comment pourront-ils faire (dit on) On les a défarmé, & d'ailleurs

leurs

a Matth. ch. 6. v. 24.
b Epitre de S. Jacq ch. 3. v. 11, & 12.
c Act. des Apôt. ch. 4. v. 19.
d Ibid. ch. 5. v. 29.
e S. Paul aux Hebreux ch. 12. v. 12.

leurs, ils ne font pas en affez grand nombre pour pouvoir réfifter aux troupes qu'on leur envoiera. Ainfi on les défera, & on les détruira; Cela étant qu'a-t on à craindre d'eux? En quoy pourront-ils nuire à la France?

Il nous femble qu'on ne devroit pas fe vanter d'avoir ôté les armes aux Réformez de France; Car c'eft une marque de foibleffe en ceux qui les ont défarmez; & c'eft une marque qu'on les craint. *a* Voicy quels font les effets de la foibleffe: I. Elle fait entreprendre aux hommes des actions lâches & „ indignes d'un bon courage, en leur „ perfuadant qu'il faut craindre tou- „ tes chofes; Qu'il n'y a point de pe- „ tits Ennemis, & qu'il faut même „ attaquer ceux qui font foibles, ou „ ceux qui font hors de Deffenfe. „ II. Elle rend les hommes artificieux „ & perfides, parce qu'elle veut fup- „ pléer au défaut de fes forces par la „ rufe & par la tromperie; Elle les „ rend coléres & vindicatifs, parce „ qu'elle eft expofée à toutes fortes d'injures; Qu'elle eft facile à bleffer, „ & que la vengeance qu'elle en prend „ eft un moyen néceffaire pour rete- nir

a La Chambre Caract. des paffions tom. 2. in Quarto, page 136.

,,nir les autres , dans leur devoir :
,,Enfin elle les fait cruels & fangui-
,,naires , parce que dans la défiance
,,qu'elle a de foy même , quelqu'avan-
,,tage qu'elle ayt fur fes ennemis , elle
,,craint toûjours qu'il ne leur refte af-
,,fez de force pour fe vanger ; De for-
,,te que pour fe mettre en feureté ,
,,elle paffe jufqu'aux dernieres violen-
,,ces , & rend ainfi fa victoire brutale
& cruelle.

Nous ne voulons pas affecter de faire remarquer , que dans toutes le démarches de nos ennemis contre les
Réformez ; Il y a des effets de la foibleffe. Nous pourrions le faire aifément , mais comme cela faute aux
yeux , nous croions que nous pouvons
avec d'autant plus de raifon nous en
difpenfer, nous n'avons rapporté ce paf-
fage de ce Philofophe moderne, que
pour faire voir a nos ennemis , qu'ils
ne doivent pas fe vanter d'avoir ôté
les armes aux Réformez de France.

Que ce foit par foibleffe ou autrement qu'on les ayt défarmé , tant-y-à
qu'ils n'ont plus d'armes , & qu'il leur
fera impoffible de nuire à la France;
En tout cas il faut avouër, difent nos,
ennemis qu'on fe défera d'eux aifément.

II

Il eſt vrai qu'ils n'ont plus les armes qu'on leur a pris : Mais qui ſait
s'ils n'en ont pas d'autres ? D'ailleurs
a ne ſait-on pas que la fureur en prê-
te ? N'a-t-on jamais ouï dire *b* qu'une
Populace aigrie & animée, n'ayant
point d'armes , a fait voler les feux
& les cailloux ?

Enfin il ſuffit qu'elle ayt de l'horreur & de l'averſion pour le Gouvernement quand ceux qui gouvernent
ont perdu l'affection d'une partie de
leurs ſujets , & qu'elle n'eſt pas en
bonne intelligence avec l'autre ils ont
tout à craindre quelque grands & puiſſants qu'il ſoient d'ailleurs.

Quelqu'un demandant autres fois à
Ageſilaus, *c* pourquoy la Ville de Spar-
te n'avoit point de murailles ? Il reſ-
pondit en montrant ſes citoyens armez, voila les murailles des Lacede-
moniens.

Au contraire lors que les citoyens
qui ſont les Piliers & les fondemens
de

a Invenit arma furor. Lucan lib. 3.

b Magno in populo cum ſæpe contra eſt
Seditio , ſævitque animis ignobile vulgus ,
Jamque faces & ſaxa volant , furor arma
miniſtrat. *Virg. Æneid. lib. 1.*

c Plutarq. Oeuvres Mor. Tom. 1. page
668.

de l'Etat travaillent eux mêmes à le détruire, bien loin de le soutenir ou lors qu'on voit dans un même etat deux Armées ennemies d'un même Peuple ; Ou lors qu'il faut qu'une partie des Citoyens observe l'autre & la combatte, bien loin de deffendre l'etat d'un Commun Accord, on a beau amasser des Troupes, il faut que l'Etat périsse : On a beau soutenir une Maison de Chevrons & d'autres appuis lors que ses fondemens sont pourris ou affaissez, tout cela n'empéche pas qu'elle ne tombe, & qu'elle ne périsse de fond-en comble.

La France seroit invincible si elle n'avoit pas de discorde & de divison dans son sein ; Tous les efforts que ses ennemis ont fait autres-fois contr'elle, ont esté inutils ; Ils n'ont servi qu'à augmenter sa gloire, & lui ont donné lieu à faire de nouvelles conquêtes ; Voilà sans doute, surquoy elle se fie aujourd'huy. Elle s'imagine, qu'ayant vaincu un grand nombre d'ennemis armez au dehors, il lui sera facile d'en vaincre un petit nombre au dedans ; Elle ne considére pas, que ce petit nombre d'ennemis est plus capable de la perdre, que n'étoit le grand nombre de ceux de dehors qu'elle avoit au-

tre-

tres-fois fur les bras. Les plus grands vents qui régnent fur la face de la terre, & qui par leur Impétuofité portent du Levant au Couchant le vafte Element de l'eau contre l'Amérique, ne font pas capables d'ébranler la terre ni de l'agiter ; Mais les petits vents que cette grande maffe terreftre couve dans fon fein, allumants le Soulfre & le Salpeftre qui s'y trouvent, produifent des tremblements confidérables, & renverfent même fouvent de grandes parties de cette grande Maffe. Les Emotions du dedans que nous nommons Civiles Ebranlent les grands Etats, encore que rien au dehors n'ayt pû lui faire le moindre préjudice.

Nous avons un infinité d'exemples de cette vérité, & dans l'Hiftoire Romaine & dans la nôtre.

Pirrhus & Annibal, qui étoient les deux plus grands & les plus puiffans guerriers de leur temps, entreprirent en vain de vaincre les Romains, parce qu'ils étoient unis. Mais la divifion & la méfintelligence s'eftants introduites quelques années aprés parmi eux, Céfar les réduifit àifément en fervitude. Cependant la Republique de Rome avoit tellement étendu fes

Li-

Limites, que pompée se vanta en plein Sénat, que par ses Proüesses il avoit annexé à l'Empire neuf-cents Villes Closes, & autant, ou plus de places fortes ou châteaux.

Tandis que la Paix régna parmi les Romains, *a* ils furent glorieux & triomphans, ils ne manquerent point de forces ni de richesses ; Elle fut la cause & l'appui de leur Grandeur ; Et ce fut elle qui rangea sous leur obeïssance tant de Villes & tant de Nations. Mais depuis qu'ils ont commencé de se troubler, & qu'ils ont fait de leur Païs un Champ de Bataille, ils ont perdu ces grands noms de redoutables & de victorieux. Leur puissance s'est évanoüie, leur desordre a donné de l'audace aux peuples subjuguez. Et pour dire tout, les Romains ont cessé d'estre Romains.

Ce fut la mésintelligence qui étoit entre les Partisans de Darius & ses autres sujets, & le chagrin que les Perses eurent des exactions, des Impôts & de la servitude en laqu'elle Darius leur Roy les tenoit, qui facilita à Alexandre la conqueste de cette grande Monarchie, avec trente mille hommes seulement. Les Egyptiens lassez & pous-

____

a Cic. Oraif. pour la Paix.

pouffez à bout par les tyrannies des Rois de Perfe Epiérent l'occafion de fe révolter dés qu'Alexandre parut en leur Païs ; Ils le receûrent agréablement, & luy firent autant d'honneur & autant de careffes que s'il eût été, leur Roy naturel & légitime. Ce conquerant eftant entré dans la Carie réduifit en peu de temps toutes les Villes entre Milet & Halicarnaffe, car la plus part eftoient habitées par des Grecs à qui il avoit accoutumé de rendre leurs Loix & leurs Priviléges, *a* Proteftant qu'il n'étoit venu dans l'Afie que pour la mettre en liberté. Une infinité de Villes des autres Provinces lui envoïerent par des Ambaffadeurs des Couronnes d'Or avec des proteftations de vouloir demeurer fous fa protection & fous fa puiffance, & d'exécuter fidélement tous fes ordres.

Mais quittons ces exemples anciens, l'Hiftoire de France & nos jours nous en fourniffent qui fuffifent pour faire voir que nos ennemis mettent la France en danger de périr.

Loüis Sforce, homme perfide, fanguinaire & artificieux qui furpaffoit les Africains en trahifons &
Dé-

a Supplem. de Frinsh. fur Quinte Curce trad. de vaug. p. 177, & fuiv.

Déloyautez , Gouvernans le Milanois :
Dans le St. Siége eſtant aſſis ou plûtôt
Intrus Alexandre VI. qui diſpoſoit de
toutes choſes à ſa volonté , auſſi avoit-
il bien achêté le Pontificat. Il ſuffit
de dire , pour le dépeindre , qu'il n'y
à jamais eû de Prince Mahometan
plus impie , plus vicieux, & plus in-
fidele que lui ; Et que ſi quelqu'un le
ſurpaſſa dans ſes abominations & dans
ſes crimes , ce fut Céſar Borgia ſon
Fils bâtard. Ce ſont là les propres
mots de Mr. de Mezeray *a* Hiſtorio-
graphe de France.

A Naples , régnant Ferdinand bâtard d'Alphonſe Roy d'Arragon, *b* qui
étoit en exécration à tous ſes ſujets
pour ſes Maletôtes , Monopoles &
Sanglantes cruautez , & qui avoit
un Fils qui l'excédoit autant en mé-
chanceté, que lui excedoit les autres
Princes.

En un mot toute l'Italie eſtant gou-
vernée par des Souverains injuſtes, les
habitans ne purent ſouffrir leur domination ; Ces Tyrans avoient leurs Par-
tiſans, les Sujets n'avoyent point de
Chefs & ne pouvoient rien faire par

les

a Tom. 4. page 378.
b Ibid.

es armes. Mais *a* plusieurs Gentils-hommes Bannis de Naples & Réfugiez en France, Le Cardinal de St. Pierre aux Liens irréconciliable ennemi du Pape; Et Ludovic Sforce priérent Charles 8. Roy de France, au nom & de la part de tous les Italiens. de venir les délivrer de la cruelle servitude dans la qu'elle ils estoient.

Charles VIII. alla en Italie avec peu de troupes, dés qu'il y fut, Hierôme savanarolle *b* Dominicain ayant auparavant rempli toute l'Italie des Prédictions de sa venuë, & assuré qu'il avoit une vocation d'en haut pour détrôner les tyrans, ,,tout y cria vive ,, la France, *c* les Places des environs ,, de Rome se rendirent à l'envy l'une ,, de l'autre, & les voisins s'accommoderent avec le Roy. Le Pape à ,,son grand regret fut contraint de laisser entrer le Roy dans Rome, s'étant ,,retiré dans le Château St. Ange. Le ,, Roy entra en armes, comme dans ,,une Ville ennemie, (ce fut le 28. ,, Decembre) & disposa ses Troupes & ,, son Artillerie dans les places publiques tellement qu'Alexandre craignant

a Tom. 4. page 377. & 379.
b Ibid. page 380.
c Ibid. page 383. & suiv.

,, nant d'eſtre pris par force & dépoſé
,, de la Papauté, comme il le méri-
,, toit, capitula avec lui, & lui accor-
,, da tout ce qu'il deſiroit. Entr'au-
,, tres choſes cinq ou ſix de ſes meil-
,, leures Places pour un certain terme,
,, l'Inveſtiture du Royaume de Na-
,, ples ; Céſar Borgia ſon Fils bâtard,
,, qu'on nommoit le Cardinal de Valen-
,, ce pour ôtage, & Zemés ou Zizim
,, Frere de Bajazet, afin de s'en ſervir
,, contre le Turc.

Dans nos jours nous voïons un Prince appellé par des Peuples opprimez
qui n'ont pas beſoin d'armes, il les
couvre de ſa protection & les rétablit
ſans répandre une goute de ſang.

l'Eſtat ou ſont les affaires de l'Europe, doit donner beaucoup de Frayeur
à la France ; Elle eſt ſans doute per-
ſuadée, que tous les Princes qu'elle a
dépoüillez ſont capables de faire ce raiſonnement, *a* qu'Alexandre fit autresfois dans une conjoncture à peu-prés
pareille. Nous tiendrons nous en repos, juſques à ce que les forces & la
puiſſance de Darius ſoient entierement
confirmées, & qu'ayant accommodé
les affaires de ſon Royaume il aporte
la Guerre dans la Macedoine ? Tous

ces

a Supplem. de freintsh. liv. 2. page 126.

ces Princes voient bien que voici l'occasion de récupérer & de reprendre les Etats & les Provinces qu'on leur a enlévé lors qu'on a eu la force en main & comme il n'y a presque point de Princes dans l'Europe qui ne soient intéréssez, elle les va tous avoir sur les bras; C'est en vain qu'elle se flatte de tromper les Princes Cathoques, en tâchant de leur faire croire qu'ils sont obligez de prendre son Parti parce que la Guerre qu'on entreprend contre elle, est une Guerre de Religion; Ils ne se laissent pas tromper; Ils savent bien que les Souverains Protestants, n'ont jamais porté la Guerre dans les Etats Estrangers, pour y etablir leur Religion; d'Ailleurs il est constant, que tous les Catholiques qui sont dans leurs Estats, y vivent en Paix, sansêtre inquietez en aucune maniere; Ils font profession publique de leur Religion. Quelle apparence y-a-t-il que ces Princes Protestans vueillent aller détruire la Religion Romaine dans des Païs Etrangers, pendant que ceux qui la professent sont dans les leurs en toute liberté. Les Princes interessez n'ont garde de se laisser tromper, ils voient bien, que les Princes Protestans ne

sont

font en Guerre qu'en défendant ; Car où ont-ils attaqué ? Ils n'ont Guerre que pour deffendre l'Empire ; l'Affaire d'Angleterre eft toute particuliere. Le Prince d'Orange n'y eft pas allé pour contraindre les Catholiques Romains à quitter leur Religion , & à en embraffer une autre , ni pour mettre leurs confciences à la gehenne, mais il y eft allé pour délivrer des gens que l'on opprimoit , & qui imploroient fon fecours avec Ardeur. On a voulu détruire les Loix du Païs & la Religion , l'héritier préfomptif de la Couronne , qui s'eft vû en danger de la perdre parce qu'il eft Proteftant, a eû intéreft de conferver les Loix & la Religion ; Il a même été appellé par les Peuples interreffez. Si on vouloit par exemple détruire la Religion Proteftante en Allemagne , les Princes & Etats qui en font profeffion auroient faifon de fe deffendre , & d'appeller qui ils pourroient à leurs Secours , mais en ce cas là ils ne feroient pas une Guerre de Religion , mais on leur en feroit une. Il en feroit de même à l'égard des autres Païs Proteftants. Or les Princes Catholiques n'ont pas intention d'entreprendre de Guerre de Religion ; Les chofes n'y ont même nulle

nulle difposition : Ils ont des autres
affaires à déméler; on leur propofe pour
les divertir & pour détourner les coups,
une Guerre de Religion. Leur prudence & leur politique ne leur permet
pas de l'entreprendre ; Ils eftiment
qu'il vaut mieux reconquerir & reprendre le Païs qu'ils ont perdu, que
de perdre par les Guerres les plus cruelles & les plus furieufes le pays qui leur
refte. Si les Princes de l'Europe en-
treprenoient cette Guerre, ils feroient les affaires de la France, car
elle conferveroit tous les Païs qu'elle
a pris, & qu'elle craint d'eftre obli-
gée de rendre : Et pendant qu'elle
rétabliroit fes affaires dans le Royaume, les autres Princes ruïneroient les
leurs, s'egorgeroient l'un l'autre; Et
enfin à quoy tout cela aboutiroit-il ?
à faire couler inutilement des ruiffeaux
de fang par tout le monde, à remplir
de grands Etats de Montagnes de corps
morts, & à défoler tous les Païs, qui
feroient les Théatres de cette Guerre.
Car enfin les deux Partis le Romain &
le Proteftant font à peu-prés auffi forts
l'un que l'autre ; Quand on fe feroit
bien battus, il faudroit faire une Paix,
à moins que de vouloir fe détruire, &
ne pas laiffer un homme d'un ou d'au-

tre

tre Parti ; fans cela on n'auroit rien fait;
Car tant qu'il reftera un homme d'un
ou d'autre Parti, on ne pourra pas dire que l'une ou l'autre Religion foit
détruite. C'eft là frayer à la France
un chemin large & fpacieux pour aller
à la Monarchie univerfelle à la qu'elle
elle afpire.

Les Villes Grecques *a* perdirent autresfois leurs libertez & leur Souveraineté, en difputant entr'elles qui auroit l'Empire de la Gréce, parce que
s'attaquant de toutes leurs forces pour
fe détruire l'une l'autre, elles fe rui-
nerent toutes entierement, & ne re-
connurent leurs pertes, que quand elles furent réduites en fervitude. Philipe qui avoit deffein d'entreprendre
fur leurs libertez, & qui de fon Royaume efpioit l'occafion de les fubjuguer,
entretint fi bien leurs divifions en fe-
courant les plus foibles, qu'en fin il
contraignit les vaincus & les vainqueurs a fe foumettre à fa domination.

Quoy donc! difent nos perfécuteurs
aux Princes Catholiques, vous nous
abandonnèz dans cette grande entreprife de l'extirpatation de l'herefie;
Nous travaillons pour la caufe commune.

v Juftin liv. 8.

ne , & vous ne nous prêtez point de
secours. Vous vous opposez au dessein
de Dieu, qui nous employe pour extirper l'hérésie.

Ces Princes qui sont prudents & sages estimeroient & honoreroient la
conduitte de ces gens là si Dieu la leur
avoit inspiré ; mais ils voient bien que
ce sont des Conseillers ambitieux &
l'amour propre qui le leur ont conseil-
lé , ils découvrent bien l'un d'avec
l'autre, & savent bien distinguer ce qui
vient de Dieu, d'avec ce qui vient de
l'erreur & de l'illusion des hommes ;
Ils savent bien qu'il n'y a point de
puissance humaine *a* qui doive se flatter de pouvoir donner du secours à
Dieu par la force de leurs armes ou de
leurs prieres ; Il semoque de ceux qui
ont cette présomption là.

S'il y avoit quelque soin à prendre
& quelque mesure pour la réünion des
Religions ; C'etoit au Pére Commun
des Chrêtiens disent ils, c'estoit au Pape & non pas à la France de les prendre. Il ne manque pas de zéle ni de
lumiére ; Il n'eût pas manqué de faire
des efforts s'il eût crût qu'il eût été
possible de réüssir.

F 2   Le

a Non tamen auderet pietas humana
vel armis vel votis prodesse Jovi-Lucan. l. 3.

Le Pape lui même n'approuve pas la conduite de la France, contre les Réformez ; Dequoy s'eſt mélé le Roy, dit-il, ſon Empire *a* ne doit s'étendre que ſur les affaires temporelles, & il doit s'en contenter, & non pas uſurper ce qui appartient aux Eccleſiaſtiques & au Sacerdoce ; C'eſt *b* ſe rendre coupable d'attentat, que de ſe méler de choſes qui regardent autrui. St. Ambroiſe *c* ne voulut pas autresfois entrer en Conférence avec Auxence dans le Palais de l'Empereur, quoy que l'Impératrice Juſtine le ſouhaitât & que l'Empereur le lui ordonnât il répondit par écrit à l'Empereur, qu'il n'eſtoit pas juſte, que des Laïques ou des Gentils fuſſent des juges de controverſes de la foy, qu'il répondroit à Auxence dans un Concile, qu'il traitteroit des Sacrez myſtéres dans l'Egliſe, mais qu'il ne pouvoit ſe rendre au Palais pour cela.

Le

a Imperium veſtrum ſuis publicæ rei quotidianis adminiſtrationibus debet eſſe contentum non uſurpare quæ ſacerdotibus Domini ſolum conveniunt. *Decret. 1. pars diſt. 10. c. 5.*

b Culpa eſt immiſcere ſe rei ad ſe non pertinenti. *l. 36. Dig. de Reg. Jur.*

c Hiſt. de Theod. le grand liv. 3.

Le Pape qui eſt un Politique trés-habile, ne ſait point de gré au Roy de toutes les converſions de France ; Il voit bien que ce n'eſt pas à cauſe de lui qu'on les fait, ni pour le bien de l'Egliſe Romaine ; Car en même tems qu'on contraint les Réformez, on détruit la puiſſance du Pape & ſon infaillibilité, ſa ſuperiorité au deſſus du Concile ; En ſorte qu'on ne lui laiſſe tout au plus que ſa qualité d'Evêque de Rome, & ſa primauté entre les autres Evêques, aux quels on le rend égal.

Phœdre *a* ne ſait point de gré à la belette qui purge la Maiſon de Souris, parce qu'elle ne le fait que pour ſon intéreſt, & pour ſa nourriture.

Mais enfin dira-t-on de la part de la France, l'entrepriſe eſt bonne en ſoy, elle eſt commencée, il la faut continuer, à cela les Princes Catholiques répondent, qu'ils ne voient pas que l'entrepriſe ſoit bonne ni faite à propos, qu'en tout cas, elle ne leur ſeroit pas utile ; Que la France l'a commen_cée

F 3

a - - - - Faceres ſi cauſa mea
Gratum eſſet, & dediſſem veniam ſupplici
Nunc quia laboras, ut fruaris reliquiis,
Quæ ſunt raſuri, ſimul & ipſos devores,
Noli imputare vanum beneficium mihi.
Phædr. Fab. 21.

cée sans Conseil, & que si elle s'est troublée elle même, ils ne sont pas d'avis à cause de cela même, de porter le trouble ni chez eux, ni chez leurs voisins.

D'ailleurs il faut dire franchement les choses, on se défie de la France; La Palatinat qu'on Pille actuellement, nonobstant les traittez & les compositions qui sont faites récemment, crient à tous les Princes de l'Europe, *a* quand elle parlera gracieusement ne la croyez point, car il-y-a en son cœur sept abominations, c'est à dire une infinité de pensées, de pratiques, & de dessein de nuire & de faire mal.

Ainsi il n'y à point de remede; Les ennemis que le Roy de France s'est fait, demeurent ses ennemis; D'autant plus qu'actuellement il leur fait la Guerre, & qu'il l'a leur fait d'une maniere dont les nations Barbares ont de l'horreur. Il prend les armes sans raison, ou pour des vains prétextes, & les ayant en main, il n'a plus de respect ni pour les Loix divines ni pour les Loix humaines. Depuis ses Déclarations de Guerre il semble que par un Edict général on ayt ouvert la porte à la fureur pour commettre toutes de

for-

a Proverbes ch. 26. v. 27.

fortes des crimes. Il a beaucoup d'ennemis au dehors , & ce qui eſt plus
dangereux pour luy , comme nous
l'avons fait voir cy deſſus , c'eſt qu'il
en a beaucoup en dedans.

A l'égard de ceux de dedans on ne les
craint pas, du moins on ſe conſole par la
facilité qu'on croit qu'il y aura de les deffaire ; On s'imagine qu'il ſera aiſé de
les détruire tous , lors qu'il y aura la
moindre apparence de danger à les laiſſer ſubſiſter. On dit que les Réformez ſont en petit nombre ; Ce ſont
ceux qui voudroient, comme autrefois
Caligula *a* qu'ils n'euſſent tous qu'une
tête afin qu'il fuſt plus aiſé de les détruire, qui le diſent : Mais ils ſont en
aſſez grand nombre pour donner beaucoup d'occupation à ceux qui les en-
treprendront injuſtement, il eſt ſûr
qu'on ne les détruira pas ſans qu'ils faſſent de réſiſtance ni ſans qu'ils ſe deffendent ; De ſorte que lors qu'on commen-
cera à leur faire la Guerre , on allumera
un feu qui eſt couvert préſentement , &
qui ne fait que fumer ; On allumera
de nouveaux flambeaux dans toutes les
Parties du Royaume, qui y mettront
l'embraſement, & qui le conſumeront

F 4

en

a Utinam populus Romanus unam cer-
vicem haberet ! *Suet. lib. 4.*

en moins de tems , que fi on eût laiſſé les choſes en l'état où elles ſont.

a Ageſilaus , ſoûtenant autre-fois une grande Guerre , & quelqu'un lui étant venu dire , qu'il y avoit eû Bataille donnée auprés de Corinthe , dans la quelle il étoit demeuré trés-peu de Lacédémoniens, mais beaucoup d'Athéniens , Agiens, & Corinthiens & de leurs alliez ; on ne vit pas qu'il en témoignâ la moindre joye , au contraire, jettant de grands ſoupirs , il dit : O malheureuſe Gréce ! qui de ſes propres mains a deffait tant de ſes gens, qu'ils ſeroient ſuffiſans pour deffaire en un jour de Bataille tous les Barbares enſemble. Ce ſeroit là ſans doute ce que le Roy diroit , ſi on luy rapportoit tous les jours qu'on a ſurpris un Parti de Réformez qui prioit Dieu , dans un tel , ou dans un tel endroit , & qu'on l'a deffait ; Qu'on a tué pluſieurs fuiards & qu'on a pendu ceux que l'on a attrapé. Mais on luy cache tout cela on ne pourra plus luy en ôter la connoiſſance.

Si cela arrive, ce qu'a Dieu ne plaiſe; ſi l'on entreprend de faire un maſſacre ; Combien-y aura-t il de ſang épandu ?

a Plutarq. Oeuv. Mor. Tom. 1. p. 670.

du ? Combien d'hommes tant de l'un que de l'autre Parti périront ?

Plûit à Dieu que la France reconnût, qu'en voulant trop avoir , elle se met en danger de tout perdre , ne se contentant pas d'avoir l'Empire sur les corps ; & voulant avoir l'Empire sur les cœurs & sur les consciences, elle court risque de perdre l'un & l'autre ; qu'en subjuguant ses sujets *a* elle perd l'occasion de remporter de grandes victoires.   Nous pouvons dire qu'elle les donne à ses ennemis, car elle s'est fait ce qu'elle n'eût pû recevoir d'eux. On a vû jusques-icy en France plus d'horreur & de carnage, que des sanglantes Batailles n'en peuvent faire voir Les filles & femmes aussi bien que les hommes ont esté des victimes immolées à la Barbarie de nôtre siécle.

Qu'elle conserve plûtôt ses Citoyens, qui de son avêu même n'ont point failli par ambition ni par malice , mais par une juste opinion de leur devoir ; si leur créance est selon l'avis de nos ennemis une marque d'ignorance & de simplicité , elle est aussi un témoignage de leur Innocence.

F 5.

Qu'el-

---

a Perdidit ò qualem vincendo plura triumphum ! *Lucan. l. 3.*

Qu'elle prenne garde, *a* que souvent lors que la liberté tremblante, semble pencher vers le tombeau, elle se releve par de secrettes entreprises, par de justes conspirations, & par des Elections cachées de personnes qu'on juge dignes de commander ; *b* La force & le courage revient souvent aux vaincus, & les vainqueurs sont renversez. *c* On a vû souvent que les vaincus se sont relevez, & que ceux que l'on croioit invincibles sont tombez.

La main de Dieu, disoit autrefois Henry Quatre *d* renverse souvent les Princes, dans leurs plus grandes prosperitez. Un sage ne doit jamais pour l'opinion de quelque favorable Evenement, s'éloigner d'un bon accord, ni se fier trop sur l'apparence du bonheur présent qui peut changer par mille accidents imprevûs ; étant arrivé bien sou-

a Cic. Off. lib. 2.

b Quondam etiam victis redit in præcordia virtus

Victoresque cadunt. *Æneid. lib.* 2.

c - - - victique resurgunt

Quosque neges unquam posse jacere cadunt. *Ovid.* 1. *Amor. Eleg.* 9.

d Persix hist. de Henri le Grand page 207.

fouvent qu'un homme aterré & fort
bleffé, a tué celuy qui luy vouloit faire
demander la vie.

Lors le Peuple d'Athénes connut le
defordre qui le perdoit, & qu'il fe vit
ruïné, ou par des maux inteftins, ou
par des forces étrangéres, il ne trouva
point de chemin plus libre pour reve-
nir à fon ancienne gloire que de fe
réconcilier avec foi même.

Le Roy veut-il donc ôter à fes Sujets Réformez, l'envie d'un Protecteur,
qu'il leur en ôte la néceffité, & qu'il
le foit luy même, veut-il prévenir la
ruïne dont il eft menacé; Qu'il réta-
bliffe l'Edit de Nantes de bonne foy.
Les Peuples les plus éloignez de la
France trouvoient cet Edit jufte; Les
voifins le trouvoient utile, & les intereffez le trouvoient néceffaire. Tous
le trouvent encore auffi jufte, auffi
utile, & auffi néceffaire.

Nous favons bien que nos Ennemis ne manqueront pas de fe moquer
de nos avis, & de dire que ce font
des Confeils intereffez ou lâches; que
les mauvais préfages que nous faifons
remarquer au Roi, font des fuperftitions
ou des foibleffes; Enfin que tous les
foins que nous prenons pour le tirer
du péril où il fe va jetter luy font in-

                    ju-

jurieux , & que nous sommes des amis timides, ou des Ennemis de sa gloire.

Mais que le Roy prenne garde, que ceux mêmes qui tâcheront d'empécher l'effet de nos âvis, sont interessez eux mêmes , puis qu'eux-mêmes sont les Autheurs du desordre ; Que ce sont des Séditieux qui font le dessein de sa ruine en faisant semblant de former le projet de sa grandeur. Et pour en estre persuadé , il n'a qu'à faire cette Réflexion , que dans la Guerre qu'on fait à ses Sujets, soit qu'ils triomphent, soit qu'on triomphe d'eux , qu'ils soient les plus forts, ou qu'ils soient les plus foibles; la France ne peut éviter de périr misérablement , si le Roy est vaincu, sa défaite est son précipice; s'il est vainqueur , sa victoire même sera un désastre pour luy , car ce ne sera qu'une victoire sanglante, qui est toûjours funeste à ceux qui en joüissent ; Il ne faut pas douter, que ce ne soit une bataille sanglante ; Car des gens au désespoir ne font point de dessein qui ne soit au dessus de leurs forces; Il n'y a point de danger qu'ils n'affrontent , s'ils ne font pas vainqueurs, ils ne font jamais vaincus qu'ils n'aient la satisfaction d'avoir répandu le sang de leurs Ennemis,

&

& de leur avoir vendu leurs vies bien
cher : En un mot ces sortes de combats sont semblables à Ceux de Cad-
mus, tant le vainqueur que le vaincus,
ont sujet de pleurer.

Si les pernicieux Conseils de nos
Ennemis ont assez de force pour fer-
mer le cœur du Roy à toutes les per-
suasions de la prudence, à tous les a-
vertissemens du Ciel, à tous les sentimens de la Nature ; s'ils ont assez de
force pour l'endurcir, & le rendre
immobile à tous leurs efforts, pour
luy inspirer l'opiniâtreté dans ses réso-
lutions ; La dureté dans les misères
de ses sujets, & l'obstination dans le
mal, on découvrira par le tems, les
malheurs qu'on n'a pas voulu prévoir
par la lumiere de la Raison : Et quand
les maux qu'on se sera fait à soi-mê-
me seront devenus incurables, on s'ap-
percevra trop-tard, que la Révocation
de l'Edit de Nantes, & ses suites en
ont esté la cause : Et que les mauvais
Conseils ont esté les premieres armes
par lesquelles on a commencé de
périr.

Les Arcs de triomphe, les Places
des victoires, en un mot toutes les
Statuës qu'on dresse dans tout le Royaume à la gloire du Roy, serviront

à

à un tout autre uſage. Si Caſſan-
der *a* friſſonna d'horreur autrefois en
voyant à d'Elphe une Image d'Alexandre, Quel tranſport auront tous les
Sujets du Roy dans les ſiecles à venir
lorſqu'ils verront ſon Image, il leur
paroîtra toûjours tout rouge du ſang
de leurs anceſtres : Les atteintes que
l'intereſt du Roy & ſa gloire recevront
ſont ſans nombre. Mais finiſſons le
détail de ces triſtes préſages; Laiſſons au
tems à découvrir l'avenir, & nous contentons d'examiner quels grands effets
la Révocation de l'Edit de Nantes &
ſes ſuittes ont produit juſques à préſent.

CHA-

a Supplem. de Freintzh. ſur Quinte Curce. livre I.

CHAPITRE HUITIEME.

ARGUMENT.

Trois Effets que la persécution a déja produit. I. La perte d'un grand nombre d'hommes. II. La nécessité de bâtir des Citadelles, & de fortifier des Villes. III. Le transport de grandes Sommes d'argent hors du Royaume. Que ces effets sont d'une tres-grande importance. Transition à la seconde Partie de cet Ouvrage.

ENtre tous les maux que cette Persécution cy a produit, il y en a trois considerables. I. Elle est cause qu'un tres-grand nombre d'hommes & d'autres personnes sont sorties de France. II. Elle est cause, qu'il a fallu faire fortifier des Villes & bâtir des Citadelles pour garder ceux qui sont restez ; Et enfin elle est cause qu'il est sorti de grandes Sommes d'argent du Royaume, qui ont enrichy les Princes étrangers.

La perte que la France fait des hommes qui en sont sortis commence à paroître : On regrette Monsieur le Ma-

Maréchal de Schomberg, & Meſſieurs ſes deux Fils qui l'ont ſuivi. Nous regardons leur ſortie de France, comme un châtiment que Dieu a envoyé à ce Royaume pour le punir des cruautez qu'on y exerce, & qui contraignent tant de pauvres habitans à en ſortir. Nous regardons leur engagement au ſervice de ſon Alteſſe Electorale de Brandebourg, comme un préſent que Dieu a fait à ce Prince pour le recompenſer des grandes charitez qu'il fait à une infinité de perſonnes qui lui ſont inutiles.

En effet c'eſt un Thréſor, car trouve-t-on dans l'hiſtoire des ſiecles paſſez, ni de celuy cy, ni parmi les hommes qui ſont ſur la terre un Héros tel que luy, grand dans l'adverſité par ſon courage, dans la proſperité par ſa modeſtie, dans les difficultez par ſa prudence, dans les périls par ſa valeur, & dans la Religion par ſa pieté? Et qui comme luy ſache faire monter les Roys ſur le Thrône, & les en faire deſcendre. *a*

Jamais homme ne fût plus propre à donner des grands ſpectacles à l'Univers

a Il a fait monter le Roy de Portugal ſur le thrône, & il en a fait deſcendre le Roy d'Angleterre.

nivers, & n'en a donné tant que luy, mais jamais homme ne se soucia & n'ayma moins que luy les applaudissemens des Spectateurs. D'ailleurs comment nous qui n'avons que des lumieres fort petites , qui n'avons que des crayons propres à peindre des ombres, osérions nous entreprendre de le regarder au travers de l'éclat qui l'environne, & d'en faire un Portrait qui luy ressemble ? Nous laissons ce grand Ouvrage à d'autres, & pour satisfaire à nôtre sujet , nous nous contentons de dire que Messieurs ses deux illustres Fils aians pris comme luy dans la Morale de l'Evangile les régles de leur devoir , & pour l'exercice de leurs Employs, & pour la conduite de leurs mœurs. Et ayans déja montré en diverses occasions qu'ils sont animez du même esprit ; la perte que la France fait du Pere & des deux fils, non seuseulement en ce qu'ils ne font plus à son service ; mais aussi en ce qu'ils sont au service d'un autre Prince, est irréparable , & si elle connoit bien ses interests elle en doit estre inconsolable.

On se soucie peu de la perte de toutes les autres personnes , qui sont sorties du Royaume ; Il est vray que

tou-

toutes enfemble quelque grand qu'en
foit le nombre, elles ne font pas de fi
grande importance que Monfieur le
Maréchal de Schomberg & Meffieurs
fes fils. Cependant il y a parmi ces
gens là des Officiers qui vont combattre vaillamment contre la France. Il
y a des gens de lettres, qui par leurs
écrits ou par leurs avis font utiles aux
Princes ou Etats, qui ont eû la charité de les recevoir. Il y a des Ma-
nufacturiers & des Marchands qui enrichiffent par leurs Négoces les Etats
des Eftrangers au dépens de la France.. Il y a des Man'œuvres & des
Payfans qui défrichent leurs Terres &
qui les labourent ; & peut-être que
tout ce Peuple qu'on conte pour rien,
& de la perte duquel on fe foucie fi
peu, fera plus de tort à la France qu'elle ne s'imagine. Son Hiftoire *a* nous
apprend que Gondebaud ayant affiegé
Gondegifile dans Vienne, un Fontainier que l'on avoit mis dehors parmi
les bouches inutiles, luy enfeigna l'ou-
verture d'un Aqueduct par où il fit entrer des gens qui furprirent la Ville.

Il pourra bien fe trouver parmi ce peuple fi méprifé & dont on fait fi peu de
cas quelque Fontainier comme celuy
de

---

a Meizer. tom. 1. page 32.

de Vienne, ou quelqu'autre perſonne qui rendra de pareils Offices aux Prin-cés étrangers qui leur donnent du pain, pendant qu'on leur retient le leur dans leur Patrie.

Enfin, il eſt certain, que la Magni-ficence d'un Roy eſt en beaucoup de Peuples, & que quand le Peuple def-faut, c'eſt le déchêt de la Principau-té, *a* C'eſt le ſentiment de Salomon le plus ſage de tous les Roys, & l'ex-périence de pluſieurs ſiecles l'authoriſe, le Roy envoye cette Magnificence aux Princes étrangers, & ſa Principauté déchêt. On ne peut pas éviter la perte des hommes, toutes les meſu-res que l'on prend pour les retenir dans le Royaume malgré qu'ils en aient, n'empéchent pas qu'il n'en ſorte beaucoup, mais on retient leur bien, & on prend celuy, des perſonnes, qu'on condamne aux Galéres, ou à la mort, & de celles qu'on envoie à l'Amerique ; Ainſi on croit que le Roy ne perd pas grand choſe ; mais nos Juriſconſultes *b* nous apprennent qu'il

a Proverb. ch. 14. v. 28.

b Melius eſt ampliari Imperium homi-num adjectione potiùs quam pecuniarum copia. L. fin. Parag. 3. dig. de bonis dam-natorum.

qu'il vaut beaucoup mieux augmenter son Royaume par une Acquisition d'hommes que par l'augmentation des Finances. D'ailleurs qu'on voye quel jugement les sages Payens font de Syl-la, *a* qui mit à l'enchére les richeffes des gens de bien & de fes plus illu-ftres Citoyens, à qui il avoit fait la Guerre, & qui fe vantoit qu'il faifoit vendre le butin qu'il avoit remporté fur eux. Ces fages apellent la victoire de ce Sylla une honteufe victoire, & blâment fon action; Cependant, voila ce qu'on fait en France, on laiffe à qui plus les biens des pauvres Réfor-mez abfens, même de ceux qui font fortis par ordre du Roy.

Il eft vray, qu'on ne veut pas qu'on dife, que le Roy profite de ces biens là, on veut qu'on croye qu'il en don-ne les Revenus aux Hôpitaux, à quel-que Couvent, ou à quelque pauvre Communauté.

Nous lifons qu'autrefois Denis le Siracufain ordonna, fous prétexte de Pieté, que toutes les Bagues & Joyaux & autres Paremens inutils des femmes feroient convertis en argent, avec le-quel on bâtiroit un Temple à la Déef-fe Céres; Qu'il commença à exécuter

cet-

_____
a Cic. Off. lib. 2.

cette Ordonnance contre sa femme, & ensuitte contre toutes les autres; & que quand il eût les deniers, il les employa à son usage particulier, & ne fit rien faire du prétendu Temple de Céres que le Devis.

Nous savons bien que le Roy par quelque Déclaration ou quelqu'autre Acte Public, destine aux Hopitaux ou à quelque pauvre Communauté les Revenus des biens des Réformez absens, ne voulant pas qu'on croye qu'il les retire luy-même; Mais que dans le fond il s'en sert, & les employe à son usage particulier; Cela est de Notorieté toute publique.

Nous avons dit en second lieu, qu'on a esté contraint de fortifier des Villes & de faire des Citadelles, pour garder ceux des Réformez qui n'ont pû s'évader, on a fait pour ce sujet une Citadelle à Montauban. On a fortifié d'autres Villes cela est certain, & tout le Monde le sait.

Ces fortifications ne sont ni honorables ni avantageuses au Roy; Elles font voir que le Prince n'est pas aimé de ses Sujets, & qu'il les craint. Machiavel dont la Politique est en horreur aux gens de bien, donne ce pernicieux Conseil aux Princes craignent

leurs

leurs Sujets *a* de bâtir des Forteresses dans leurs Pays pour les tenir dans l'obéissance ; *b* Misérable est la République en laquelle le Seigneur, ou pour crainte qu'il a de son Peuple, ou pour tenir son Peuple en crainte, se fortifie contre luy de Roques & Citadelles.

Il n'y a point de Domination qui puisse être de longue durée où il y a de la crainte, soit du côté du Prince, soit du côté des Sujets. *c* Ciceron raporte des Exemples qui le justifient.

Enfin nous avons dit, que la Persécution est cause qu'il est sorti de grandes Sommes d'argent du Royaume, qui ont enrichi les Princes étrangers. Il n'y a eu pas un Réformé qui n'ayt emporté quelque chose. Un fort habile homme *d* qui ne jette que des mesures fort justes, & dont les conjectures doivent être considerées, a eû la curiosité d'examiner à combien pouvoit aller ce qui est sorti de France;

Il

a Discours livre 2. ch. 24. & chap. 20. du Prince.

b Pasquier Recherche de la France page 990. dans son Pour-parler du Prince.

c Cic. Off. livre 2.

d Mr. Jurieu lettre pastorale.

Il a trouvé que cela va à des Sommes immenses ; Cependant l'argent qui est apellé l'instrument des instruments est l'ame des Etats ; Ainsi on peut dire que cette ame sort de la France pour aller animer des Pays étrangers.

Nous ne nous étendons pas à faire voir tous les maux que la Persécution a produit & que la France souffre parce que nous l'avons déja fait ailleurs. Outre que nous venons d'en découvrir assez pour porter le Roy a y apporter le reméde nécessaire qui est le Rétablissement de l'Edit de Nantes. Ses sujets Réformez le luy redemandent avec empressement, ses sujets Catholiques n'empécheront pas S. M. de le leur rendre, car ils ne peuvent , & ne doivent pas approuver la Révocation de cet Edit ; Et même ils ont interêt à ce qu'il soit promptement rétabli. C'est ce que nous allons faire voir dans la seconde & dans la troisiéme Partie de cet Ouvrage.

Fin de la Premiere Partie.

SE.

SECONDE PARTIE.

Dans laquelle on fait voir que les François Catholiques Romains ne peuvent & ne doivent pas approuver la
Révocation de l'Edit de Nantes.

CHAPITRE PREMIER.

ARGUMENT.

*Deux Réflexions obligent les Catholi-
ques Romains à condamner la Révocation de l'Edit de Nantes & ses
suites. La I. sur les Raisons pour
lesquelles on a fait dessein de nous
perdre. La II. sur les moyens qu'on
a employé pour venir à bout de ce
dessein. Examen de la premiere
Réflexion.*

NOs Concitoyens n'ont qu'à faire Réflexion sur les raisons pour
lesquelles on a fait dessein de
nous perdre, & sur les moyens qu'on
a employé pour venir à bout de ce
dessein. pour estre contraints à juger
eux-mêmes, qu'ils ne peuvent pas &
ne doivent pas approuver la Révocation
de

de l'Edit de Nantes, ni les suittes qu'elles entraine.

En effet a-t-on détruit les Réformez
par ce qu'ils étoient des impies, ou des
athées, ou parce que par leurs vices
ou par leurs séditions ils étoient devenus des pestes dans l'Etat? Non; nos Concitoyens savent qu'ils espéroient au Dieu
vivant, & qu'ils avoient bonne conscience. Eux mêmes font témoins qu'ils
étoient en bonne odeur, pour leur probité, pour leur pieté & pour le zéle qu'ils
avoient pour le bien commun de la Patrie; D'ou venoit que tous les jours les
Catholiques Romains les loüant de leur
conduite sage & bien réglée, leur difoient, que c'estoit dommage qu'ils fuf-
sent Huguenots. Langage que Tertulien
a dit avoir esté ordinaire aux Payens
lors qu'ils parloient des Chrétiens.

Nous avons un témoignage irrépro-
chable de leur integrité, que nous
tirons de Regîtres même de vous autres
Messieurs qui travaillez tous les jours
à juger ceux qui sont reténus dans les
Prisons, & qui terminez leurs procez
par les Arrêts que vous donnez contr'eux; De tous les Malfaiteurs qui
sont accusez devant vous, & de tant

G

de

a Bonus vir Cajus, pejus, tantum quod
Christianus. Apolog. ch. 3.

de fortes de crimes; y-en-à t-il quelqu'un
prévenu d'Affaffinat, de Vol, de Sa-
crilége, & des autres forfaits, à qui
l'on impute auffi qu'il eft Chrêtien;
Ou bien quand on vous préfente les
Chrêtiens pour les punir comme criminels à caufe qu'ils font Chrêtiens,
s'en trouve-t-il quelqu'un entr'eux, de
qui la vie foit femblable à celle de vos
autres Prifonniers? Tous les coupables
dont vos cachots font fi remplis qu'ils
en régorgent font de vôtre Religion,
ce font des gens de vôtre Religion qui
font foupirer les Minieres fous la Pe-
fanteur de leur coups; Ce font des mi-
férables de même Religion que vous,
dont les bêtes farouches fe rempliffent
les entrailles. Tous ces pauvres criminels que vos Citoyens nourriffent
pour les faire cruellement entretuer
aux yeux d'un peuple fanguinaire, ont
même fentiment que vous de la divi-
nité. Enfin parmi tous ces malheureux il ne fe rencontre point de Chrêtien, fi ce n'eft qu'il ait été déféré en
juftice à caufe de fon feul nom de Chrêtien; C'eft un difcours que nous Empruntons de Tertulien, *a* & que nous
addreffons à tous les juges qui font af-
fis fur les tribunaux du Royaume.

Pour

a Apologet. ch. 44. page 234.

Pour laquelle de toutes leurs bonnes qualitez les à-t on perſécutez? *a* Nous voulons bien faire la juſtice aux Catholiques Romains de croire, que ce n'eſt pour aucune de celles là; Quelle raiſon à donc eû le Clergé de ſolliciter nôtre ruïne. Nous pouvons dire qu'ils n'en ont point eû d'autre que celle que l'impie allegue *b* pour oppri-

„mer le juſte; Dreſſons, dit cét impie,
„des embuſches au juſte, car il ne nous
„eſt d'aucun uſage, & eſt contraire
„à nos œuvres, & nous reproche les
„péchez commis contre la Loy, &
„nous diffame pour les péchez de nô-
„tre façon de vivre; Il ſe confie d'avoir
„la connoiſſance de Dieu, & s'appel-
„le ſoy même le fils du Seigneur; Il
„nous eſt en reproche de nos penſées;
„Il nous eſt ennuyeux ſeulement à le
„regarder, pour ce que ſa vie n'eſt
„point ſemblable à celle des autres,
„& ſes voyes ſont diverſes de celles
„des autres. Nous ſommes réputez
„de luy comme de la fauſſe mon-
„noye, & il s'abſtient de nos façons
„de faire comme d'Ordures; Il eſti-
„me bien heureuſe la fin des juſtes,

G 2 „ &

<hr>

a St. Jean ch. 10.
b Sapience de Philon ch. 2. v. 12, 13, 14, 15, & 16.

,, & se glorifie d'avoir Dieu pour
,, Pere.

Nous sommes fort persuadez, qu'ils
n'ont eû garde de découvrir ces
raisons là, ils les ont tenu fort secrettes, mais il est trés-certain, que ce sont
là les vrais motifs, qui les ont portez
à nous perdre. Les autres qu'ils ont
rendu publiques ne sont que des prétextes; Cependant voïons s'ils sont plau-
sibles & raisonnables.

On nous a persécuté dit-on. 1. Parce que nous avons une Religion pleine d'héréfies. 2. Parce que nôtre venin infectoit nos concitoyens, plufieurs desquels se pervertiffoient. Et
enfin parce que l'Eglife étant la mere
commune de tous les Chrêtiens, elle
a eû droit de nous punir & de nous
faire rentrer dans son sein. Ces raisonnemens là, surprennent d'abord;
Cependant quand on les confidére de
prés, on voit que s'ils étoient bons,
on auroit eû raison de traitter mal Jefus Chrift & ses Apôtres. Les Juifs
auroient encore droit de nous traitter
d'Hérétiques & de Schifmatiques: Le
Chriftianifme ne subfifteroit que parce
qu'il est le plus fort, nous ferions des
enfans rebelles à l Eglife Judaique.

Ces conféquences impies & blaf-
phé-

phématoires se tirent naturellement
de la conduite du Clergé & de ses sentimens.

Nos hérésies consistent, en ce que
nous enseignons une doctrine qui dif-
fere en plusieurs choses de celle de l'E-
glise Romaine, & qui lui est même
opposée à certains égards, dés que Jesus
Christ parût, les anciens du Peuple, les
principaux Sacrificateurs & les scribes
l'accuserent d'estre un Novateur, qui
séduisoit la nation en enseignant une
doctrine contraire à la leur, d'estre un
séditieux qui deffendoit de payer le tribut à César, & d'estre un impie qui
se disoit le Christ, le Roy ; *a* lors qu'ils
virent que plusieuts croyoient en luy.
Ils dirent, si nous le laissons châcun
croira en luy. Et donnerent ordre,
que si quelqu'un le connoissoit *b* il le
vînt déclarer, afin qu'on l'empoigna:
ils l'ont pris depuis, ils l'ont mis en
croix & l'ont fait mourir par les mains
des iniques. Ils ont agi de même contre ses Disciples, ils ont crié *c* hommes Israëlites aydez nous, voicy cét
homme. (En parlant de Saint Paul)

G 3

qui

a Luc. ch. 23. v. 2.
b St. Jean ch. 11. v. 48.
c Actes des Ap. ch. 21. 28.

qui par tout enseigne chacun contre le peuple, la Loy & ce lieu ci. Ces Juifs qui, ont commis tous ces crimes, étoient assis en la Chaire de Moyse, *a* ils se glorifioient d'estre le seul peuple de Dieu à qui les Oracles avoient esté commis, *b* desquels estoit l'adoption, & la gloire, & les Alliances, & l'Ordonnance de la Loy, & le service divin, & les promesses.

L'Eglise étoit la Mere de tous les Juifs ; Elle avoit donc droit de punir ceux qui sortoient de son sein, & de les y faire rentrer. Elle avoit donc aussi droit de chasser & de détruire ceux qui apportoient une Religion nouvelle & contraire à la leur d'autant plus qu'un grand nombre l'embrassoit ; Les Juifs auroient droit de nous appeller Herétiques. Nous serions encore des enfans rebelles à l'Eglise Judaïque, qui nous châtieroit, n'estoit que nous sommes les plus forts, car elle en auroit le droit.

On n'oseroit approuver ces conséquences, qui condamnent le procedé que le Clergé tient à nôtre égard.

Mais

a St. Paul Rom. ch. 3. v. 2.
b Ibid. ch. 9. v. 4.

Mais ajoûtons par sur-abondance de bon droit *a* une reflection qui découvre encore mieux l'injustice que l'on nous fait.

Nous avons un bien plus grand avantage que n'avoyent Jesus Christ & ses Disciples; Car ils apportoient une Religion nouvelle; à des Juifs dont les ancêtres avoient recû la Loy de Dieu même, sur la Montagne de Sinaï, & qui avoient par conséquent quelque apparence de raison, à vouloir retenir la leur.

Pour nous, nous sommes parmi des Chrêtiens, parmi lesquels nous Prêchons Christ, & Christ Crucifié; Ils le prêchent aussi, mais ils le prêchent autrement que nous, & lui associent des Saincts & des Sainctes; ils l'offrent derechef en sacrifice pour l'expiation de leurs péchez. Et nous, nous croyons que le sacrifice que Jesus Christ a fait de lui même sur la croix suffit pour expier les nôtres.

Nous ne leur prêchons pas une Religion nouvelle *b*, car c'est celle de la
G 4   quel-

a Jura Juribus accumulando.

b Mr. l'Enfant l'un des Ministres de l'Eglise Françoise de Berlin, dans ses nottes Hist. & morales, sur les lettres choisies de St. Cyprien sur la 7. page 118.

quelle leurs ancêtres faifoient autres fois profeffion ; Le Chriftianifme eft un genre de Religion oppofé au Judaïfme ; & comme il y à plufieurs manieres de profeffer le Judaïfme, celle des Pharifiens par exemple , celle des Saducéens, celle des Hérodiens & celle des véritables Juifs. .Ils y a de même diverfes manieres de profeffer le Chriftianifme ; Celle des Catholiques Romains, celle des Janfeniftes, celle des Lutheriens &c. Et la nôtre que nous prétendons être la véritable ; l'Ecriture fainte ne dit pas qu'il faille eftre Catholique Romain pour étre fauvé. l'Eglife Romaine n'avoit point de Primauté fur l'Eglife d'Ephefe, fur celle de Corinthe , ni fur les autres. Il falloit étre Chrêtien pour eftre fauvé, & profeffer un Chriftianifme pur , fans mélange de fuperftitions, d'idolatrie, ni d'erreur , tel qu'il eft prefcrit dans l'efcriture fainte , qui nous eft donnée pour la reigle de nôtre foy & de nos mœurs. Un Autheur moderne fort illuftre , a fait trés bien voir que lors-
,, que St. Paul écrivoit aux Romains,
,, *a* que leur foy êtoit renommée par
,, tout

a Chap. 1. ꝟ. 8.

,, tout le monde. Il ne prétendoit pas
,, relever la foy de l'Eglife de Rome
,, par deffus la foy des autres Eglifes,
,, mais qu'il vouloit feulement dire
,, qu'il avoit grand fujet de rendre gra-
,, ces à Dieu, de ce qu'on entendoit
,, dire par toutes les Provinces qu'a
,, Rome mefme qui eftoit la capitale
,, de l'Empire & la Réfidence de l'Em-
,, pereur, il y avoit des gens qui
,, avoyent embraffé la foy. C'eût été
,, un grand fujet d'affliction, fi pendant
,, que l'Evangile eftoit recû dans les
,, Provinces, Rome eût efté la feule
,, Ville qui y eût refifté, parce qu'on
,, fait combien l'exemple de l'Eglife
,, Capitale fait d'impreffion fur les Pro-
,, vinces. St. Paul regardoit comme
,, un grand fujet de joye, que Rome,
,, qui felon l'apparence devoit faire le
,, plus de réfiftance, & fur qui, toutes
,, les Provinces jettoient les yeux eut
,, auffi embraffé l'Evangile. Cet Autheur montre que c'eft là le fens que
plufieurs Docteurs donnent à ce paffa-
ge de St. Paul; Et entr'autres le favant
Monfieur Rigaut vivant Confeiller au
Parlement de Metz, & Catholique
Romain, dans fes Nottes, fur une Lettre que les Preftres & les Diacres de
Rome ont écrit autresfois au Pape Cy-

G 5   prien

prien, *a* il n'y avoit point de primauté, la condition de toutes les Eglises étoit egalle, leur foy eſtoit une.

Il eſt certain que du tems des Apôtres, l'Egliſe Chreſtienne eſtoit une, mais dans tous les ſiecles qui ſe ſont écoulez depuis, il s'eſt toujours petit à petit introduit quelqu'erreur ; Quelques Chreſtiens les ont receûs, d'autres les ont rejettez. Tandis que les erreurs n'ont pas été grands ni en grand nombre, cette partialité n'a pas paru, mais enfin l'Egliſe s'eſt trouvée diviſée en deux parties ; Une qui eſt Saine, qui n'a point receû d'erreurs ni de nouveautez & l'autre qui eſt malade & défigurée par les erreurs qu'elle à reçeû. Nous prétendons eſtre la Partie Saine & que l'Egliſe Romaine eſt la partie malade. Elle prétend le contraire. Voila deux parties contraires en fait ; Et il juſte que la plus forte opprime la plus foible, faut-il ſe faire juſtice à ſoy-même. Si on admet ce Principe, les Proteſtans

a Pourquoi la qualité de Pape eſt donnée à St. Cyprien, celles de Préſtres & de Diacres aux Conducteurs de l'Egliſe de Rome. En quel ſens elles leur ſont données, & quelle conſéquence on doit tirer de ces titres & de ces qualitez, voy. ibid. page 34. 50. & 115.

ſtans on droit de détruire les Catholiques Romains, ſur qui ils ont le deſſus; Et de tout cela, il arrivera qu'un
des partis croiant eſtre le plus fort, il
voudra combattre l'autre, & ſe détrui-
ront l'un l'autre, le Chriſtianiſme
s'éteindra, & le Mahometiſme, ou le
Judaïſme, prendront le deſſus.

Si quelqu'une des deux Parties devoit avoir quelque prérogative ſur l'autre & quelque authorité, ce ſeroit
ſans doute la Réformée, qui eſt la partie Saine, qui juſtifie la pureté de ſa
Religion, par la reſſemblance qu'elle
a avec celle des Apôtres, *a* & par la conformité qu'il y a entre ſa doctrine &
ſa pratique, & celle qui nous eſt ordonnée par l'Evangile qui eſt le Teſtament de nôtre Pere commun.

Car la Romaine a ſi peu cette reſſemblance, & cette conformité, qu'un
trés-habile homme Catholique Biblio-
théquaire de Monſieur le Cardinal Mazarin *b* avoüe ingenuëment, qu'un homme qui n'auroit lû que le Nouveau

G 6 ,, Teſta-

---

a Id verius quod prius, id prius quod ab
initio, id ab initio quod ad Apoſtolis, *Tertul.*
adverſ. Marc. lib. 4 *Cap.* 4.

b Naudé, jugement de tout ce qui à été
imprimé contre le Cardinal Mazarin &c.
page 346.

,, Teſtament ne pourroit jamais con-
,, noître le détail de la Religion Ca-
,, tholique , vû qu'elle conſiſte en di-
,, verſes Régles , Cerémonies, Eſta-
,, bliſſemens, inſtitutions , Traditions,
,, & autres choſes ſemblables, que les
,, Papes & les Conciles ont établi de
,, tems en tems & piéces aprés autres;
,, contenuës *implicité* ou *explicité* dans
le dit Livre.

Mais qu'avons nous à faire de l'a-
veu ſincére de cet habile homme;
Cela ne ſaute-t-il pas aux yeux. La
différence qu'il y-à entre la Religion
des Apôtres , qui eſt dans la Sainte
Ecriture , & la Religion Romaine,
paroît ſi evidente & ſi grande , qu'elle
fait honte au Clergé , qui deffend pour
ce ſujet la lecture de ce livre Sacré ;
Sans les juſtes reproches que nous lui
avons fait continuellement , au ſujet
de cette deffenſe ; il y à long-tems
qu'on ne verroit plus de Sainte Ecriture ; Sous le Regne de Charles IX.
ce violent Perſécuteur des Réformez;
on ne parla plus d'Ecriture Sainte
aprés qu'on eut maſſacré nos Peres,
& pendant tout le tems que nous
n'osâmes nous faire entendre. Belle-
,, Foreſt *a* ſe plaint dans ſon Hiſtoire
,, des

____
a Page 612.

,, des Neuf-Charles, que pendant le
,, régne de ce dernier, l'Alcoran de
,, Mahomet étoit recherché avec plus
,, d'inſtance chez les Libraires du Ro-
,, yaume, que les bons Livres des Saints
,, Docteurs ou que la Sainte Ecriture
,, méme *a*.

Nous ne nous prévalons pourtant jamais de cet avantage; les principes de nôtre Doctrine ne nous permettent pas d'accroître nôtre Religion par les armes ni par la force. Nous ſavons auſſi que les principes du Droit ne permettent pas de ſe faire juſtice ſoi-même. Que faire donc? Il faut tâcher de s'accorder à l'amiable & ſi cela ne ſe peut, il faut s'en rapporter à celui qui juge juſtement & attendre la Moiſſon ſuivant ſon Ordre. Laiſſez croître dit Jeſus Chriſt, *b* l'yvroye & le bon bled juſques à la Moiſſon, & en la

ſai-

a Nous ſouhaittons qu'on ſache que nous n'entreprenons pas de juſtifier que noſtre Egliſe eſt la véritable, cela nous ſeroit aiſé, & nous le ferions ſi cela étoit de noſtre ſujet; mais comme noſtre but n'eſt que de faire voir, que quand nous n'aurions que la ſimple prétention à cet égard, l'Egliſe Romaine étant noſtre Partie averſe, elle n'a pû nous juger, nous condamner, ni nous accabler.

b S. Matth. ch. 25. v. 5.

faiſon de la Moiſſon , je diray aux
Moiſſonneurs ; Cueillez premierement l'yvroye & la liez en des faiſ-
ſeaux pour la brûler , mais aſſemblez
le bled en mon grénier.

St. Paul , les autres Apôtres , Jeſus Chriſt luy-même ont bien ſouffert
des héréſies; & St. Paul dit, *a* qu'il
faut même qu'il y ayt des héréſies,
afin que ceux qui ſont de miſe ſoient
manifeſtez.

Que le Clergé diſe au reſte ſi quand
il fait comparoître les Réformez devant tous les Tribunaux du Royaume,
il les a trouvé criminels ; Nous ſommes ſûrs qu'ils n'ont rien trouvé d'ini-
que en eux. *b* Nous n'avons été perſécutez que parce que nous portons le
nom de Réformez ; Diſons donc ce
que Tertulien *c* diſoit autrefois dans
une occaſion à-peu-prés pareille , ſi le
nom de Réformé n'eſt le nom d'aucun crime, celuy que vous luy attri-
buez eſt fort impertinent, parce que ce
n'eſt qu'un crime de nom.

Aprés avoir montré à nos Concitoyens

a Actes ch. 25. v. 5.
b 1. en Corinth. ch. 19.
c Chriſtianus ſi nullius criminis reus eſt
nomen valde infeſtum ſi ſolius nominis
crimen eſt Apologet. cap. 2.

toyens par les raiſons mêmes ſur leſquelles on a fondé nôtre ruine, qu'ils
ne peuvent pas l'aprouver, ni la Révocation de l'Edit de Nantes qui eſt
la cauſe de cette Ruïne ; faiſons leur
voir par les moyens dont on s'eſt ſervi
pour nous perdre, qu'on nous perd
injuſtement.

CHAPITRE DEUXIEME.

ARGUMENT.

*Examen de la ſeconde Réflexion. Que
les Catholiques Romains ſont convaincus de l'injuſtice de la Révocation de l'Edit de Nantes, & de ſes
ſuites. Trois ſcrupules qui les empêchent de l'auoüer, & de ſe déterminer en nôtre faveur. I. Que les
Eccléſiaſtiques en ſont les Autheurs.
II. Que les Parlements de France
les approuvent. Et III. Qu'il ſemble que Dieu y conſente.*

DEs qu'il s'eſt trouvé dans le Monde dés Chrétiens aſſez êclairez,
& aſſez fermes, pour diſtinguer
la pureté du Chriſtianiſme d'avec le
Mêlange que l'on en avoit fait avec le
Paganiſme, pour montrer le chemin
qui

qui meine à la vie , & pour conseiller
d'y cheminer ; Et pour oser faire voir
au public la différence qu'il y avoit
entre l'un & l'autre , & la nécessité
qu'il y avoit de se prescrire uniquement les préceptes & les enseignements de l'Evangile pour régles de la
conduite dans la vie Civile , & dans
l'Eglise , on a d'abord tâché de les
rendre méprisables ; Celui-cy n'est-il
pas Charpentier, *a* fils de Marie frere de Jacques & de Joses , & de Jude,
& de Simon ? Ses sœurs aussi ne font-elles pas dans une telle Ville parmi
nous ? Ceux-cy a-t-on dit, ne sont-ils
pas l'un Chanoine, l'autre Moine, dans
une autre Ville , & ainsi des autres ;
On leur a dit par raillerie si vostre
Religion est bonne faites des Miracles;
b Lors qu'on a vû que les Peuples
commençoient à reconnoitre, que Dieu
mettoit ainsi ses thresors en des vaisseaux de terre , afin que l'excellence de
cette force fut de luy & non point
d'eux, on a quitté ce ton de mépris
& d'indiférence , on a commencé à
demander *c* de quelle authorité ils
faisoient ces choses ? Lors qu'on a vû

que

a Evang. selon S. Marc ch. 6. v. 3.
b S. Matth. ch. 4. v. 3, 6, 9. & 14.
c Ibidem ch. 21. v. 23.

que les écailles tomboient des yeux à
un grand nombre de personnes , &
que le commerce des Sacremens dimi-
nuoit, on a commencé à dire que ces
gens là induisoient les autres à servir
Dieu contre la Loy. *a* Qu'ils troubloient l'Etat , & qu'ils annonçoient
des Ordonnances qu'il n'étoit pas permis de recevoir ni de garder *b* vû qu'on
étoit Romains. Lors qu'on a vû,
que les Raisons de ces Réformateurs
prévaloient & persuadoient les Peuples, on leur a opposé d'abord les mêmes armes, savoir des raisonnemens :
Mais lors qu'on a vû qu'on ne pouvoit
pas résister à leur sapience ; *c* on a subor-
né des hommes qui ont dit qu'ils blas-
phémoient.

Et comme ils ont remarqué que
peu des Gouverneurs *d* croioient en
ces Réformateurs ; Ils ont obtenu de
ces Puissances de la Terre des Edits &
des Déclarations qui laissoient peu de
liberté à ceux qui faisoient profession
de la Religion Réformée , & en même tems que ces Edits leur permettoient de subsister , Ils les menaçoient

de

a Actes ch. 18, v. 13
b Actes ch 16. v. 16, 17, 18, 19. 20, & 21.
c Ibid. ch. 6. v. 11. & 12.
d St. Jean ch. 7. v. 48.

de leur en ôter les moyens; Ils contenoient leur liberté & leur miſére tout enſemble.

l'Hiſtoire Romaine *a* nous apprend, que l'Empereur Caligula faiſoit des Ordonnances contre le Peuple, qu'il les faiſoit écrire en caractéie fort menu; Qu'il les faiſoit pourtant afficher en lieu fort élevé, & qu'il faiſoit payer l'amande fort rigoureuſement à ceux qui y contrevenoient.

On a donné une infinité d'Edits & de Déclarations deſquels l'Exécution étoit ſi difficile, qu'elle étoit même impoſſible à pluſieurs : lors qu'on y contrevenoit, on croyoit que les Réformez avoient fait contre le Decret de Céſar, *b* & ſous ce prétexte on démoliſſoit les Temples, on banniſſoit les Miniſtres, & on diſſipoit les Troupeaux; lors que quelques-uns apportoient tant de précautions, & prennoient de ſi bonnes meſures, que contre

a Hujuſmodi vectigalibus indictis neque propoſitis, cùm per ignorantiam Scripturæ multa commiſſa fierent tandem flagitante pop. Rom. propoſuit quidem legem, ſed & minutiſſimis litteris, & auguſtiſſimo loco, uti ne cui deſcribere liceret. Suet. lib. 4.

b Actes ch. 17. v. 23.

tre le deſſein même de leurs Ennemis
ils obſervoient ce qui leur étoit commandé, on prennoit Conſeil comment
on les enlaſſeroit en paroles. *a* On
cherchoit des faux témoignages contre
eux, afin qu'on les fît périr; *b* & les
épiants; on leur envoyoit des gens
attitrez qui contrefaiſoient les gens de
bien, pour les ſurprendre en paroles
c afin de les livrer à la Seigneurie, &
à la puiſſance du Gouverneur; On
donnoit même des Sommes d'argent
d à pluſieurs, afin qu'ils dépoſaſſent
fauſſement contre les Réformez· Enfin on a trouvé des faux témoins: *e*
On nous a jugé coupables de mort;
on nous a donné du Vinaigre mélé a-
vec du fiel, *f* depuis on nous a mis
ſur la Croix.

Ceux qui ont fait l'hiſtoire Apolo-
gétique des Egliſes Réformées de France, juſtifient que ce ſont là les manieres d'agir du Clergé contre nous, &
leurs démarches depuis la Réformation
juſqu'à la Révocation de l'Edit de
Nan-

a Matth. 22. v. 15.
b Ibid. 26. v. 59.
c Luc. 20. v. 20.
d Matth. 28. v. 12.
e Ibid. v. 66.
f Ibid. ch. 27. v. 34.

Nantes ; Et j'employe les preuves in-
contestables qu'ils produisent pour justifier cette conduite.

Nos Concitoyens eux-mêmes en ont
été témoins , ainsi nous prenons leurs
consciences pour juges en cette affaire,
qu'ils prononcent , mais qu'ils se sou-
viennent de la parole que Jesus Christ
nous a dit, si le Monde vous a en haine *d* sachez qu'il m'a eû en haine premier que vous , si vous eussiez été du
Monde , le Monde aimeroit ce qui
seroit sien ; Or parce que vous n'estes
point du Monde, mais que je vous ay
élû du Monde, pourtant le Monde vous
a en haine ; Que le Serviteur n'est point
plus grand que son Maître , que si ils
l'ont persécuté aussi nous persécuteront-
ils : s'ils sont Chrétiens ils ne sauroient approuver les raisons qu'on a eü
de s'opposer à Jesus Christ & à son
Evangile , ni les voyes dont on s'est
servi pour venir à bout d'un dessein si
abominable.

Que peuvent donc prononcer nos
Concitoyens contre nos Persécuteurs,
si non cet anathéme, que Dieu pro-
nonça atrefois contre les Scribes &
Pharisiens : Malheur sur vous Docteurs
de la Loy , car ayant retiré la Clef
de

a S. Jean ch. 14. v. 18. 19. & 20.

de Connoiſſance , vous-mêmes n'y é-
tes point entrez , & avez empéché
ceux qui y entroient. *a*

Pour faire juſtice à nos Concitoyens
nous devons croire que c'eſt là leur
ſentiment, nous le croyons ainſi ; Mais
nous croyons auſſi que trois Scrupules
les empeſchent à ſe déterminer abſolument à condamner hautement la
Révocation de l'Edit de Nantes &
ſes ſuites.

Le premier eſt fondé ſur ce que les
Eccleſiaſtiques du Royaume qui ſont
les Conducteurs de leurs conſciences,
en ſont les Autheurs.

Le ſecond ſur ce que les Parlements
de France , ces Aſſemblées ſi ſages &
ſi éclairées les ont approuvé.

Le troiſiéme que Dieu haïſſant l'injuſtice, il ne permettroit pas que nous
ſoyons foulez & opprimez comme nous
ſommes ſi nôtre cauſe étoit bonne.

Scrupules qu'il eſt fort aiſé de lever.

CHA-

a Luc. ch. 11. v. 52.

CHAPITRE TROISIEME.

ARGUMENT.

Examen du premier Scrupule ; Inconvenients horribles qui arriveroient s'il étoit approuvé, & les pernicieuses consequences qu'on en tireroit.

A L'égard du premier, nous venons de faire voir que l'Eglise, qui avoit cette qualité à juste titre, car Dieu là luy avoit donnée ; Que les Juifs, qui étoient le Peuple de Dieu ont agi contre Jesus Christ & contre ses Disciples , de la même maniere que le Clergé a agi contre nous. Nous ne croyons pas que les Catholiques Romains vueillent excuser le procedé des Juifs contre Jesus Christ, sous prétéxte qu'ils étoient l'Eglise ; Ils ne doivent donc pas approuver non plus ce que le Clergé fait de mal , contre qui que ce soit , sous prétexte qu'il dit , & qu'ils croient qu'il est l'Eglise. D'ailleurs la plus-part de nos Concitoyens sont éclairez & savants ; Ils n'ignorent pas que la Conspiration a esté furieuse contre le Christianisme ; Que les Philosophes l'ont combatuë

par

par toutes leurs subtilitez ; les Orateurs
par toutes leurs plus hautes Exaggé-
rations & par toutes leurs plus grandes figures ; les Politiques par leurs
rufes ; les Peuples par leurs féditions,
& les Grands par leurs Edits , & par
tout ce qu'ils avoient de Puiſſance &
d'authorité dans le Monde. Ils fa-
vent que jamais la vraye Eglife n'a
mal-traitté les fauſſes , & que toûjours
les fauſſes ont mal-traitté la vraye ,
n'employans pas l'Ecriture , ou la raiſon , mais la violence contre ceux qui
n'approuvent point leurs erreurs. Ils
ont appris de l'hiſtoire Eccléſiaſtique
que les Payens ont agi ainſi contre les
premiers & les meilleurs Chrétiens ;
& les Arriens contre les Orthodoxes,
toûjours celuy qui eſt né ſelon chair ,
perſécute celui qui eſt né ſelon l'eſprit. *v*

Ainſi ce ſcrupule doit ceſſer , la perſécution que l'on exerce en France
n'eſt pas loüable ni excuſable , parce
que ſes Autheurs ſont illuſtres dans le
Monde par leurs dignitez , ou par
leurs naiſſances : On ne doit pas l'approuver , parce que ceux qui ſont aſſis
en la chaire de Moyſe l'ont ſuggérée , &
l'exercent eux-mêmes.

Il

v Epitre de Saint Paul aux Galates ch.
4. V. 29.

Il n'y auroit point de vices ni de crimes, qui ne fussent excusables, même qui ne devinssent bons, si la qualité ou le nombre des personnes, qui les commettent ou qui les approuvent en étoient considerez.

Par exemple l'Assassin commis en la personne du Duc d'Orleans par le Duc Jean de Bourgogne étoit abominable devant Dieu & devant les hommes; cependant Maître Jean Petit Théologien, & grand Prédicateur soûtint en la présence du Roy, qu'il étoit bon & depuis dans l'Eglise de nôtre Dame en présence de tout le Peuple. Tous les autres Prédicateurs de Paris se rendirent Protecteurs dans leurs Chaires de ce cruel Meurtre.

Ces Prédicateurs, ces Directeurs de Conscience, ce Clergé, préchans dans Paris que ce meurtre étoit loüable, & qu'on devoit l'approuver, quoy qu'il fut abominable aux yeux de Dieu & à ceux des hommes, devoit-il estre approuvé par les gens de bien ; Parce qu'il l'étoit par le Clergé : nos Ancestres ne l'ont pas crû ainsi, j'en prens à témoin celuy qui nous rapporte l'histoire. *a*

Des

____

a Pasquier Recherche de la France livre 6. page 443

Des Prédicateurs Catholiques ont autrefois prêché , même à la Cour, que les Rois peuvent avoir des Favoris , & que les Favoris pour parvenir à un tel honneur peuvent tuer & empoisonner qui bon leur semble, & on s'est servi malicieusement de la Sainte Ecriture pour soûtenir cette doctrine Diabolique ; Ces Docteurs ne se sont pas contentez de la prescher, *a* Ils l'ont *publiée en l'année* 1649. *sous le titre de Sermon d'Etat, Presché à Saint Germain devant la Cour.*

L'Histoire de France nous apprend, que de tout tems les Ecclesiastiques, même les Evêques ont commis des crimes horribles & de différentes nature.

C'est un Clerc par exemple qui tâche de tuer le Roy *b* Childebert & Brunehaud par l'ordre de Fredegonde; En l'année 587. *c* ce sont encore deux Clercs qui font de pareils efforts & par le même Ordre, contre Childebert & Gontran en l'année 587. *d*

H   en

a Naudé Jugement de tout ce qui a été imprimé contre le Cardinal Mazarin page 190.
b Mezer. tom. 1. page 88.
c Ibid. page 91.
d Ibid. page 9

,,en l'année 590. Childebert décou-
,,vrit encore un affasin de ceux que
,,Fredegonde avoit envoyé pour le tuer.
,,Ce nouvel attentat lui donnant lieu
,,de rechercher les vieilles conspira-
,,tions, on prit Sonnegifile, qui avoit
,,été de celle de Ranchin. Celuy là
,,accufa Giles Evefque de Rheims,
,,& le Roy donna ordre de l'arréter:
,,Mais fur la plainte que faifoient les
,,Evêques, qu'on eût ainfi traitté un
,,Prélat fans l'avoir ouï, il le relâcha
,,pour luy faire fon Procez par les
,,formes. Pour cela, il convoqua un
,,Concile à Metz le quinziéme de No-
,,vembre, Et là ce malheureux con-
,,vaincu par témoins, & par fon propre
,,Aveu de crime de faux, de trahifon,
,,de Leze-Majefté, & d'avoir été le
,,boute-feu des Guerres Civiles, fut
,,dépofé de fon Evefché & Relegué à
,,Strasbourg. Le Roy luy aiant donné
,,la vie à la Supplication des autres
,,Evêques.

,,En l'année 605. *a* Saint Didier
,,fit de vives Remonftrances à Brune-
,,haud, mais elles n'eurent aucun ef-
,,fet fur une ame fi plongée dans l'or-
,,dure.... Cette feconde Jezabel le
,,fit premierement dégrader & relé-
guer

a Mezer. page 102.

,, guer en fuitte par une Aſſemblée *a*
d'Evêques dévoüez à ſa paſſion.

Si nous voulions examiner tout ce
que le Clergé a fait de criminel, il ne
ſe paſſeroit pas une année qui ne fut
marquée par des crimes atroces, ou
par des injuſtices criantes, ou par des
deſordres horribles qu'ils ont commis;
Nous y verrions un Salonius d'Em-
brun, un Sagittaire de Gap, que l'hiſtorien dit devoir eſtre plûtôt nommez
Bandis qu'Evêques. Nous y verrions
un Gilles de Rheims perfide & fa-
ctieux, boutte feu des Guerres Civiles,
un Saffarac Eveſque de Paris, un Con-
tumelioſus Eveſque de Riez tous deux
coupables d'impureté ; un Cautin de
Tours, dont Grégoire raconte d'horribles méchancetez, &c.

Nous verrions que de ſeize ou de
dixhuit Conciles, il n'y en eût qu'un
tenu à Orange qui parla de Dogmes ;
tous les autres n'ayans eſté aſſemblez
que pour condamner des Eveſques criminels, ou pour terminer des diffé-
rents qui naiſſoient tous les jours
entr'eux.

,, Nous verrions que la plus-part des
,, Eveſques flattoient *b* Ebroim le *Ty-*
H 2 ran

____

a A Chalons.
b Ibid. page 61.

,, ran dans ſes injuſtices , parce qu'ils
,, le craignoient , ou qu'ils y avoient
,, part. Que Dadon même , autrement
,, Oüin Eveſque de Roüen , & qu'on
,, a mis au rang des Saints , étoit ſon
,, ami , & l'un de ſes principaux Con-
,, ſeillers , que ce Saint , mit en priſon
,, Philebert pour avoir fait des Re-
,, monſtrances au Tiran.

Nous verrions que le grand nombre des Eveſques étoient abſolument à Ebroïm Tyran , que par complaiſance pour luy ils condamnoient à mort des perſonnes de probité & de Pieté;
,, Que par un effet de cette meſme
,, lâche complaiſance , *a* Ebroïm avec
,, ſon armée s'étant approché de Laon,
,, ayant reconnu la Place Imprenable
,, par force , & fait jetter des propoſi-
,, tions d'Accommodement , deux E-
,, veſques Engilbert de Paris & Rieule
,, de Rheims voulurent bien eſtre les
,, Inſtrumens de ſa fraude : Ils perſua-
,, derent à Martin de le venir trouver
,, dans ſon Camp , & pour ſûreté lui
,, donnerent leur ſerment ſur les chaſ-
,, ſes de quelques Saints , qu'ils porte-
,, rent avec eux , mais dont ils avoient
,, ôté les Reliques. Martin ayant
,, publié l'exemple de Leudeſie ſuivit
in-

____

a à Chalons 162.

,, inconfidérement la foy de ces Pré-
,, lats , lors qu'il fut au camp , les
,, Soldats d'Ebroim l'enveloperent &
,, l'aſſommerent luy & tous les ſiens.
Auſſi *Mezerai appelle-t.il ces Evéques
les Eſclaves du Tiran plûtôt que les Peres du Concile.*

Nous verrions que le Clergé n'a fait
conſiſter pendant long-temps la Religion, & la dévotion des Peuples, &
meſme des Roys , qu'aux préſents
qu'on leur faiſoit , qu'aux donations *a*
qu'on faiſoit aux Egliſes , & qu'aux
ſommes ou aux Richeſſes qu'on mettoit dans leur Thréſor.

Ceux qui leur donnoient beaucoup
étoient les plus gens de bien ; Ceux
qui leur donnoient moins , étoient
moins eſtimez : mais ceux qui ne leur
donnoient rien , ou même qui leur
ôtoyent quelque choſe eſtoient des
impies.

Les grandes donations par exemple
que Dagobert a fait , aux plus celebres
Egliſes de France, lui ont mérité des élo-
ges nompareilles des Eccléſiaſti ques, qui
donnent toutes les qualitez du plus ver-
tueux Prince , du plus vaillant , du plus
ſage & du plus accompli dans la

H 3

paix

----

a A Chalons page 1 6 2.
b Ibidem page 1 3 9 .

paix & dans la Guerre qui ayt Regné
fur les François. Il eſt certain qu'il
n'eſt tel dans leurs Ecrits , que parce qu'il à donné à leurs Egliſes, & à
eux meſmes, car on ne voit pas dans
toute ſa vie, la moindre bonne action;
au contraire on voit qu'il a commis
toutes ſortes de crimes , par exemple
a il a fait tuer un Brunulfe qui l'avoit
ſuivi en Neuſtrie, ſans qu'il eût fait aucun mal; El il a tâché de couvrir ce
meurtre de quelques bonnes actions.

Son foible & ſa paſſion *b* pour
les femmes eſtoient ſi grands , qu'ils
le portérent à répudier la Reyne
Gomatrude ſa femme pour epouſer
Nantilde l'une de ſes ſuivantes.

Nantilde fut bien-tôt privée des
bonnes graces de ſon eſpoux par une
autre femme; *c* Car comme il ſe plai-
ſoit à ſe faire voir par les Provinces
en ſes habits Royaux avec un grande
Pompe, & une ſuperbe Cour, il mit
à ſa place une fort belle fille nom-
mée Ragnetrude. Quelque-tems
aprés , il eſpouſa encore deux femmes, & prît tout autant de Maîtreſ-
ſes qu'en peut déſirer le goût du changement qui eſt infini. Il

a A Chalons page 132.
b Ibid.
c Ibidem.

Il se laissoit emporter *a* à la fou-
gue de sa jeunesse , & à la violence de l'authorité Souveraine. La
premiere le jettoit dans tous les plaisirs. La seconde lui faisoit ammon-
celer de l'argent & porter la main
ravissante sur les biens de ses sujets,
comme si tout eût été à luy.

On l'a soupçonné d'avoir contri-
bué à la mort de Chilperic qui étoit
encore au berceau & qui estoit fils
d'Arribert , & cela afin de se ressai-
sir de l'Aquitaine, comme il fit , dés-
que cet Innocent fut mort.

On égorgea pendant son Régne *b*
dans une seule nuit neuf mille Bulga-
res , qui l'avoient supplié de leur donner place dans quelque coin de ses
terres , ce qu'il avoit fait , ce massacre se fit de son consentement.

Les Poictevins chargez excessive-
ment d'Impôts *c* s'estans rebellez , il
y alla en personne , Rasa la Ville de
Poictiers & y sema du sel en signe de
désolation.

Voila toure la vie de ce Prince si accompli dans la Paix & dans la Guerre.

Si les Ecclésiastiques ont Loué
H 4
ceux

a A Chalons page 133.
b Ibidem page 135.
c Ibidem page 137.

ceux qui méritoient d'estre blâmez ; nous voyons aussi qu'ils ont injustement blamé ceux qui méritoyent d'estre Loüez.

Une grande famine qui affligeoit la Neustrie obligea Clovis de prendre les Lames d'argent, dont le Tabernacle ou Chapelle qu'on mettoit sur la Chasse de St. Denis, étoit couvert pour achêter de quoy nourrir les pauvres ; Action juste, dit l'Historien, *a* & pieuse, pour laquelle néanmoins les Moines disent que Dieu le punit rigoureusement, lui ayant affoibli & stupefié l'esprit.

Les Autheurs de ce tems la, (dit le mesme Historien *b*) font un grand bruit de ce que Clovis II. détacha un bras du corps de St. Denis pour le mettre dans son Oratoire. Ils disent qu'il tomba aussi tôt en démence, comme s'il eût esté frapé du ciel, & attribuent à cét attentat, qui tout au plus ne fût qu'une pieté indiscrette, tous les maux qui affligerent la France durant les régnes de ses Successeurs.

Le mesme Historien parlant de Charles Martel dit *c* cette valeur mar

tia

a A Chalons page 145.
b Ibidem page 147.
c M. Tom. 1. page 200.

tiale qui lui faiſoit tousjours avoir l'E-
pée à la main pour fraper ſur les ennemis, luy acquit le ſur-nom de Martel dans l'Hiſtoire & une renommée
immortelle; mais les Eccléſiaſtiques
qu'il avoit mal-traité noircirent ſa mémoire, & ne luy pardonnerent pas meſme en l'autre monde.   Car ils aſſurent
que ſelon la revélation de St. Eucher
Eveſque d'Orleans, il brûloit en corps
& en ame dans les flâmes éternelles,
& que ſon tombeau ayant eſté ouvert
on n'y avoit trouvé qu'un gros ſerpent
& une puante noirceur , marques du
mauvais Eſtat de ſon ſalut.

C'eſt ainſi que les Eccléſiaſtiques
ſont à qui plus leur donne. Paul Joue,
(de Medecin qu'il étoit, fait Eveſque
de Nocere , par le Pape Alexandre
VI.) qui par la Loy de ſa condition
étoit plus obligé à la verité , & à la
Religion qu'a la vie ni à la fortune,
a ſe vantoit d'avoir une plume d'or
pour ceux qui lui faiſoient du bien,
& une de plomb pour ceux qui le mé-
priſoyent , en cela de mauvais exemple non imité par Sleidan , *b* ce ſont

H 5

les

---

a Math. Hiſt. des ſept années de Paix,
dans ſon avert. page 4. M. de Thou liv. 1.

b Hiſtorien Proteſtant.

les propres mots d'un trés habile homme *a*.

C'eſt ainſi diſons nous , qu'il paroît
que l'intereſt ou la paſſion ont toûjours fait agir les Eccléſiaſtiques , &
l'ont porté à trahir la verité , & même les lumieres de leurs conſciences.

Ils ſacrifient meſmes leur propre
Religion , lors que leur intéreſt le demande ; *b* Un Pape Paul III. voyant
ſes affaires en mauvais eſtat , ſollicite
inſtamment le Roy de France , de recueillir & de ſoutenir les débris des
Proteſtants perſécutez par l'Empereur
Charles V. & meſme de ſe ſervir de
l'aſſiſtence du Turc.

Un Chardinal de la Valette Gouverneur de Metz *c* ſe met à la teſte
d'une Armée de dixhuit mille hommes , qui devoit agir en faveur des
gens de la Religion , & en ſuit tous
les mouvemens au préjudice meſme des
Catholiques.

Aujourd hui on veut détruire les Proteſtans , parce que l'intereſt des Jeſuites
le veut.

Pourquoy épouſerions nous leurs inter êts & leurs paſſions ? Si les enſeigne-
men

<hr>

a Paſquier recherche de la France p. 993.
b Meizer. Tom. 6. page 417.
c Vie de M. de Turenne , page 72.

mens du Clergé , ou leurs sentimens, ou leur conduite dans le monde de-voient estre nécessairement la régle des nôtres. Et si nous devions étouffer les lumieres de l'Evangile , & de la raison , pour approuver, & pour sui-vre indifferemment & sans examen les pensées & les actions du Clergé , à quel abandon de dissolution ne nous lais-serions nous pas aller?

Les personnes raisonnables ne croyent pas que nous devions nous laisser ainsi dépoüiller de nôtre raison & de nôtre jugement. Les Canonistes eux-mes-mes qui donnent tout au Pape ne font pas de cét avis. Ils disent *b* qu'il faut écouter Jesus Christ seul, qu'il ne faut pas prendre garde, à ce que ceux qui nous ont précedé, ont estimé estre juste ; Mais à ce que Jesus Christ qui est le premier & avant tous a fait lui mes-me ; Il ne faut pas suivre la coutume

H 6   des

a Si solus Christus audiendus est non debemus attendere quid aliquis ante nos faciendum putaverit, sed quid, qui ante omnes est, Christus prior fecerit. Neque enim hominis consuetudinem sequi opor-tet, sed Dei veritatem, cum per Esaiam Prophetam Deus loquatur & dicat, sine cau-sa autem colunt me , mandata & doctrinas hominum docentes, *Decret. 1. pars dist. 8. c. 9.*

des hommes, ni ſe régler ſur leur conduite, mais ſur la verité de Dieu & ſur ſes préceptes, qui dit par ſon Prophete Eſayë qu'on l'honore en vain, lors qu'on ſuit ou qu'on enſeigne des doctrines & des commandements d'hommes.

Nous avons rapporté des preuves tirées des premiers ſiécles du Chriſtianiſme, parce que nous les avons crû plus fortes pour nôtre deſſein. En effet, ſi le Clergé à eſté ſi corrompu lors qu'il étoit encores prés de ſa ſource; En quel eſtat mal-heureux ne devons nous pas croire qu'il eſt, depuis qu'il s'en eſt eſloigné par la ſuite des temps. Et principalement depuis que la Secte des Jeſuites deshonnore le Chriſtianiſme, nous verrons que nôtre conſéquence eſt juſte & bien fondée, ſi nous examinons qu'elle eſt leur doctrine & leur conduite.

CHAPITRE QUATRIE'ME.

ARGUMENT.

Détail de ces inconveniens. Que la doctrine, les sentimens, & la conduite des Ecclésiastiques ne doivent pas être les Régles de ceux des personnes séculiéres. Que si elles l'étoient il n'y auroit plus dans peu de tems de Souverains indépendants des hommes, plus de véritable Religion, ni même plus de Societé Civile. Que les Jesuites qui sont les Colomnes de l'Eglise Romaine sont obligez d'avoir tous un même sentiment.

NOus ne nous arresterons pas à faire l'examen des mœurs des Ecclésiastiques de nôtre tems ; Toute leur morale est assez bien écrite, & tout le monde la peut voir. Nôtre dessein n'est que de faire voir, que si leur doctrine, leurs sentimens & leur jugement étoient les régles de ceux des personnes séculieres, il n'y auroit dans peu de tems plus de Souverains indépendants des hommes, plus de veritable Religion ni mesme plus de Societé Civile, le monde seroit comme un désert, où les hommes com-

comme des beftes , n'agiroient que
que par force ou par fourberie. Sous la
tyrannie & fous le joug infuporta-
ble de la domination des Jéfuites cruels
& fanguinaires, & qu'ainfi il ne faut
pas approuver tout ce qu'ils croyent,
tout ce qu'ils difent & tout ce qu'ils
font : Que cela feroit de dangereufe
conféquence , & que la révocation de
l'Edit de Nantes & fes fuittes devant
eftre condamnées par toutes fortes de
raifons, il ne faut pas l'approuver par
ce que les Ecclefiaftiques en font les
Autheurs.

La doctrine des Jefuites détruit conftamment l'authorité Souveraine des
Rois. Non feulement ils enfeignent
qu'il eft permis de les dépofer & de
les tuer, lors qu'ils ne font pas agréables au Pape ou à l'Eglife , comme un
Autheur moderne *a* l'a trés bien fait
voir. Mais mefme ils enfeignent que
le Peuple peut faire defcendre fon Roy
du thrône , & luy ôter fa Couronne
lors que fon Gouvernement eft tyrannique , encore qu'il luy ayt juré une
obéiffance & une fidelité perpétuelle.
Il eft vray qu'ils mettent cette exception à cette régle générale, que le Peuple

a L'irrévocabil. de l'Ed. de Nantes,
part. 1. chap.

ple ne doit agir ainſi , qu'en cas que le Roy ne ſe corrige pas aprés qu'il y aura eſté exhorté. C'eſt une leçon qui eſté donnée par un des plus ſignalez Peres de la Societé , nommé Emanuel Sa, *a* Docteur en Théologie , lequel ſe vante dans ſes Aphoriſmes de conſeſſion , d'avoir eſté quarante ans entiers à nous fabriquer ce St. œuvre qu'il eſtime indubitable en ſes propoſitions , puis qu'il les appelle Aphoriſmes.

Si cette doctrine a lieu , les Roys ne ſont plus Souverains , les Jeſuites & le Peuple , ont non ſeulement Juriſdiction ordinaire , mais meſme extraordinaire ſur eux ; Ils ont droit de faire une Anatomie de leur conduite , & d'examiner leurs actions pour ſavoir , ſi ils ſont dignes de régner & de vivre , tels eſtants leurs ſentiments, il ne faut plus s'étonner s'ils ont condamné pluſieurs de nos Roys à mort ; Et ſi les Laïcs font un cas de conſcience d'obéir aveuglement aux ſentimens des Directeurs de leurs conſciences. Il ne faut plus s'étonner s'ils ont trouvé autant de Parricides qu'il leur en à fallu.

Que les Roys & les Peuples prennent garde au deſſein dés Jeſuites , ils

tâchent

____

a Summa Summor. Pontif. Cap. 58.

tâchent de les engager dans une Guerre de Religion, quel qu'en soit l'évenement il leur sera funeste, si les Princes & les peuples Catholiques sont vainqueurs, ce seront les Jesuites qui jouïront des honneurs & des avantages de la victoire ; On aura détruit tous leurs ennemis, & tous les Partisans de la Souveraineté & de l'indépendance des Roys : En ce qui regarde le temporel ; On aura secondé les efforts qu'ils ont déja fait pour régner absolument. Tout le monde sait, que cette pernicieuse Societé ayant pris piéd dans le Porrugal, sous le titre, non pas de Jesuites, mais d'Apôtres ; Ils solliciterent le Roy Sebastien, & tâcherent par toutes sortes d'impostures de le porter à faire une Loy générale, qui ordonnôt que personne ne seroit appellé à la Couronne qu'il ne fût de leur Societé, & qu'il ne fut Elû par voix & suffrage d'icelle *a*.

S'ils n'avoient plus d'ennemis, si la conscience obligeoit tous les Catholiques à se soumettre à leurs décisions & à leurs jugements, il n'y auroit aucun Souverain qui ne dépendît d'eux, & qui ne les craignît, & qui enfin ne fût contraint de leur céder le thrône.

Non

____

a Pasq. recherch. de la Fr. pag. 313.

Non seulement il n'y auroit plus de Souverains indépendants des hommes; Il n'y auroit plus de véritable Religion.

Ces impies enseignent qu'on satisfait au précepte d'entendre la messe, lors qu'on en entend deux moitiées de deux divers Prestres, soit en divers tems, soit en mesme tems.

Qu'un Laïque ou un Prêtre estant tombé dans quelque sorte d'impieté que ce soit, mesme contre la nature, peut sans le moindre peché veniel, & mesme loüablement communier le jour mesme aprés s'en être confessé. Que s'il y-a eû autresfois des Loix de l'Eglise contraires à cela, elles sont abrogées par la coûtume contraire de toute la terre. Que le Confesseur doit Conseiller à son Pénitent de recevoir l'Eucharistie le jour mesme qu'il est tombé dans ses crimes, & que le vœu que quelqu'un en auroit fait de n'en point approcher en cêt Estat seroit nul.

Que les Communions Sacriléges produisent la grace aussi tôt qu'on est revenu en bon état; Et qu'ainsi celui qui en auroit fait une infinité, ou qui auroit dit la messe dix fois chaque jour contre le précepte de l'Eglise & en

mauvais

mauvais estat, deviendroit tres-sain en un moment, aussitôt qu'il auroit fait un Acte de contrition ou d'attrition avec la confession.

Qu'un Prêtre qui sans aucune nécessité, mais par pure malice dit la Messe en estat de peché mortel, sans se confesser auparavant, n'est point obligé de satisfaire à ce que le Concile de Trente ordonne de se confesser au plûtost, parce que le Concile ne parle que de ceux qui ont obmis la confession par nécessité, & non pas de ceux qui l'ont obmis par malice.

Que celui qui va à la Messe pour voir impudiquement une femme, & qui sans cela n'y iroit pas, satisfait au précepte d'entendre la Messe, encore mesme qu'il eût intention expresse de n'y point satisfaire.

Ces propositions qui sortent de l'Enfer sont debitées par un Jesuite nommé Mascarenhas, le livre qui les contient a esté imprimé chez Cramoisy en l'année 1656. Il est dedié à la Vierge, & l'Autheur déclare qu'il y enseigne ce qu'il a appris d'elle comme de sa Maîtresse, & que c'est elle aussi qui luy a inspiré de le composer. Et comme si ce n'estoit pas, à son avis, assez de dire que ces sentimens

lui

luy ont esté inspirez , il fait voir qu'ils sont appuyez & fondez sur les avis de plusieurs autres Jesuites fameux qu'il nomme.

Selon ces Docteurs *a* ce n'est pas un peché mortel de prêcher principalement pour la gloire ou pour l'argent. Un Curé (disent-ils) est déchargé de l'obligation d'instruire son Peuple , lors qu'il ne le peut faire par soy-même à cause de son ignorance, & qu'il n'a pas moyen de le faire faire par autruy à cause du peu de Revenu de sa Cure.

Enfin nous disons , qu'il n'y auroit plus de Societé Civile , car par leurs principes *b* dans les contracts Civils celuy qui s'est obligé exterieurement de parole ou par écrit , & qui interieurement n'a pas voulu s'obliger, ne l'est point en conscience , & peut reprendre en cachette ce qu'il auroit vendu en rendant le prix.

Lors que la Taxe des Marchandises n'est pas juste, on peut (selon eux) user de faux poids pour gagner davantage , & le nier avec serment en usant d'équi-

a Escobar Theol. mor. lib. 10. sect. 2, cap. 16. prop. 20. page 462.

b Ibid. mor. Theol. tract. 1. exam. 3, cap. 57. Praxis ex Societ. Doctoribus. 34.

d'équivoques, lors qu'on en eſt intéro-
gé par le Juge.

Ils diſent qu'un fils qui eſt en la maiſon de ſon pere, peut exiger le Salai-
re des ſervices qu'il luy rend , & le
voler en conſcience s'il ne le luy
donne.

Ils diſent qu'un homme n'eſt point
irrégulier , c'eſt-à dire incapable des
Miniſtéres Eccléſiaſtiques pour avoir
procuré un Avortement , s'il doute
que le fruit eſtoit animé.

Ils diſent qu'il eſt permis de loüer
ſa maiſon à des femmes perduës, que
l'on ſait en devoir faire un lieu de débauches , ſans même qu'il ſoit néceſſaire d'avoir quelque raiſon qui nous
excuſe.

Nous n'avons garde de faire le détail de leur doctrine pernicieuſe ; c'eſt
aſſez pour noſtre deſſein de montrer
de quelle dangereuſe conſéquence il
ſeroit de ſe conformer aux ſentimens
& à la doctrine de ces Directeurs de
conſciences.

Il eſt vray que nous ne nommons
que quelques Particuliers, on pourroit
bien nous dire , que tels ſont, ou ont
eſté les ſentimens de ceux que nous
citons, mais qu'il ne s'enſuit pas que
ce ſoit le ſentiment de tous, ni la doc
ctrine

…Ctrine univerſelle de l'Egliſe ; les Jeſuites mêmes, qui ſont dans les Cours des Princes, ne manquent pas ſans doute de deſavoüer ces livres & ces ſentimens, ni de dire qu'ils ſont faits par des Particuliers qui ne peuvent pas nuire à toute leur compagnie.

Mais il ne ſe faut pas laiſſer tromper, ils ſont obligez d'avoir tous un meſme ſentiment *a* & d'enſeigner une meſme doctrine, ſoit dans leur converſation, ſoit dans leurs ſermons, ſoit dans leurs leçons publiques, ſoit dans leurs livres.

On peut être aſſuré que jamais livre ne vient dé leur part qu'il n'ait eſte approuvé par leur Géneral ; Ils n'oſeroient en publier aucun qu'ils ne l'aient fait auparavant examiner ; *b* c'eſt ce qui eſt ordonné par leurs Conſti-

a Idem ſentiamus, idem dicamus omnes, doctrinæ differentes non admittantur, nec verbo in concionibus vel lectionibus publicis vel libris 3. part. Conſtitut. cap. 1. art. 8.

b Libri edi non poterunt ſine approbatione & conſénſu præpoſiti Generallis, qui eorum examinationem tribus committet. 3. part. Conſtitut. cap. 3. art. 18.

ſtitutions , & par les Régles de leur ordre.

Ces Régles ſont obſervées à la rigueur ; On contraint les Particuliers à ſe retraćter , lors qu'ils ont debité quelque propoſition contraire à la dočtrine de la Societé quelqu'Orthodoxe que ſoit cette propoſition ; C'eſt la plus grande grace qu'on leur faſſe, car ſouvent on les punit tres-cruellement, lors qu'il leur en échape quelqu'unes de cette nature. Cette compagnie qui ſe donne elle-meſme le titre d'Auguſte, *a* veut que les Particuliers luy ſacrifient leur honneur & leur conſcience ; ça eſté par obéïſſance qu'on a vû il n'y a pas trop long-tems le Pere Noüet déclamer outrageuſement contre un livre qu'il avoit approuvé avec Eloges peu de jours auparavant aprés l'avoir lû & examiné avec ſoin à la priére d'un Archeveſque. *b* C'a eſté par le meſme motif que le bon Pere Cauſſin fut autrefois contraint de déclamer dans un livre public préſenté à la Reine , contre des perſonnes pour leſquelles ſes amis ſavoient qu'il avoit unes

a Rélat. du P. Ferriere pag. 9.
b Réfutat. de la fauſſe Rélat. du P. Ferriere page 52.

une eſtime particuliere. *a* Et ce changement ſi ſubit du Pere Petau en la
matiere de la prédeſtination & de la
grace, ne peut eſtre vrai-ſemblablement
attribué qu'à une ſemblable cauſe.
Il a craint ſans doute le meſme traittement qu'on a fait au Pere de la
Croix Ieſ. pour un ſujet à-peu-prés
pareil. Tout le Monde ſait que ni
la candeur de ſes mœurs, ni la pureté de ſa vie, ni plus de quarante ans
de profeſſion dans la Compagnie des
Jeſuites n'ont pû les fléchir, parce
qu'il temoignoit du zêle, pour la doctrine de St. Auguſtin, & qu'il pré-
feroit ce Pere à Molina, quoy qu'il
eût obtenu de leur Géneral la permiſ-
ſion de ſe retirer d'avec eux. Ils n'ont
jamais voulu le laiſſer joüir de cette liberté, qu'ils accordent à tant d'autres;
Mais reſervant pour cet homme de
probité une ſéverité qu'ils n'ont pas
accoûtumé d'exercer envers les plus
ſcélerats, ils l'ont renfermé à la fléche
dans une cruelle priſon, où il n'y a
que Dieu qui ſache ce qu'ils luy ont
fait endurer, nul de ſes Parents ni de
ſes amis n'en ayant jamais pû avoir aucune nouvelle. *b* Enfin perſonne n'ig-
nore

---

a Réfut. de la fauſſe Rélat. du P. Ferriere
pag 52. *b* Ibid.

nore l'avanture du Pere Annate cy-
devant Confeſſeur du Roy Régnant;
Elle a trop éclaté & trop fait de
bruit dans le Monde pour n'eſtre pas
ſcuë, ce bon Pere aiant entrepris de
rompre le commerce qui eſtoit entre
le Roy Régnant & Madamoiſelle de
la Valliere : Il dit un jour au Roy
qu'il ne pouvoit pas luy donner
l'abſolution des péchez , deſquels il
s'eſtoit confeſſê , qu'il ne rompit dés
lors tous les engagements qu'il avoit
avec elle ; & trouvant de la reſiſtance
dans cette entrepriſe. Il alla juſqu'à
dire qu'il renonçoit à ſa qualité de Confeſſeur de ſa Majeſté , & qu'il ceſſoit
d'en faire les fonctions ! Le Roy luy
répondit que puis qu'il ne pouvoit pas
luy donner l'abſolution, qu'il avoit ſon
Confeſſeur né qui étoit le Curé de St.
Euſtache , & qui alloit le mander pour
en faire les fonctions. La Societé a-
yant eſté avertie qu'elle eſtoit ſur le
point de perdre l'Empire qu'elle avoit
ſur la conſcience de ſa Majeſté, cen-
ſura le pauvre Pere Annate , & le
contraignit à ſuivre les maximes de la
Morale & de la Politique des Jeſuites
malgré les lumieres & les motifs de ſa
conſcience, qu'il fut contraint d'étouffer. De ſorte que depuis il donna au
Roy

Roy tant d'abſolutions qu'il voulut. Nous pourrions rapporter pluſieurs exemples pareils ; mais ceux-cy qui ſont ſçûs de tout le Monde ſuffiſent à nôtre deſſein.

Il faut demeurer d'accord qu'ils empeſcheroient qu'aucun d'eux n'écrivit ces Maximes abominables que nous rapportons, qu'ils obligeroient ceux qui les auroient écrit à ſe retracter, ou qu'ils les puniroient ſi elles ne leur agréoient pas ; & c'eſt ce qu'ils ne font pas au contraire, & bien loin de cela, ils ont fait cenſurer dans les Congrégations de l'Inquiſition, l'Arreſt rendu contre Jean Châtel ; l'Hiſtoire de Mr. le Préſident de Thou ; les Libertez de l'Egliſe Gallicane, & tous les livres qui regardent la conſervation de la Perſonne du Roy de France, & l'établiſſement de la juſtice Royalle. *a* Ils ont même eû l'effronterie de mettre ſous vne Image de Jean Guignard condamné avec Jean Châtel ; *Beatus Johannes Guignardus ab hæreticis in Galliis laqueo ſuſpenſus. b*

Quand donc un Jeſuite debite un ſen-

I

ti-

----

a Journal de St. Amour Docteur de Sorbonne imprimé l'an 1662. page 3.

b Réfutation de la fauſſe rélation du Père Ferriere page 11.

timent , ou une Doctrine quelle elle soit , nous devons croire que c'eſt le ſentiment, & que c'eſt la doctrine de toute la Societé.

On peut tirer une autre preuve de cette vérité des effets que ces doctrines pernicieuſes ont cauſé dans le Monde ; la plus déteſtable de toutes , eſt ſans doute celle qui enſeigne, que chaque Particulier a Droit de tuer les Roys que la Societé juge être des Tyrans; les Jeſuites la déſavoüent dans toutes les Cours , ils l'attribuent à quelques particuliers ; cependant un Campianus, un Parry, un Squirre & autres ont tâché de l'effectuer ſur la Perſonne de la Reine Eliſabeth d'Angleterre ; un Garnet a fait les mêmes efforts contre le Roy d'Angleterre Succeſſeur de cette Reyne. Cette même doctrine a porté les trois jeunes hommes qui tuérent Ludovic Duc de Milan au milieu du Dome, à commettre ce crime. Ceux qui ſont verſez dans l'hiſtoire d'Italie ſavent qu'ils y furent induits par les leçons de leurs Maîtres, qui ne leur préchoient ordinairement autre choſe, ſinon combien il eſt loüable & méritoire d'aſſaſſiner un Tyran. Et tout le Monde ne ſait-il pas que de cette maudite Pepinie-

re

re font fortis les parricides de nos
Roys.

Ces gens là font l'Eglife Romaine,
ils en fon les piliers, les colomnes, &
mefme les fondemens. Ce font eux
qui enfeignent la Religion Romaine;
peut-eftre n'enfeignent-ils pas hautement ni toûjours toutes ces pernicieu-
fes maximes; Ils n'ont garde de les
debiter lors qu'ils ne veulent pas qu'elles produifent leurs effets ordinaires;
Ils fe rendroient odieux, & ce feroit
imprudence à eux : Mais lors qu'ils
ont voulu détruire quelque Prince,
ils les ont enfeignées avec fuccés; ce
font des armes qu'ils refervent pour
les occafions, & qu'ils mettent quand
bon leur femble entre les mains de
leurs Dévots ; Dieu vueille qu'ils ne
les tournent jamais contre le Roy qui
les éleve & qui les fatisfait, pour pouvoir eftre fûr qu'ils ne s'en ferviront
pas contre luy , ni contre les fiens ;
il faudroit eftre fûr que fa Majefté
ni fes Succeffeurs ne leur donneront
jamais le moindre chagrin, & ne feront rien contre l'intereft de la Societé.

Ils font les Directeurs des confciences de nos Concitoyens , il eft
vray ; mais cette confideration eft-el-

le légitime , y a-t-il de la Dévotion
à faire des choses que Dieu deffend ?
y a-t-il aucune considération humaine
qui puisse rendre légitime l'approba-
tion que nous donnons aux actions,
ou aux choses que Dieu condamne
absolument.

Que nos Concitoyens avoüent donc
que la Révocation de l'Edit de Nantes & ses suittes , étants tres-injustes ,
ils ne peuvent pas les approuver , parce
que les Jesuites , ou l'Eglise Romaine
de France en sont les Autheurs.

D'autant moins que leur conduite
est condamnée par les véritables Théo-
giens.

Ils appellent irréligion la violence
au fait de la conscience & de la Religion qui veut estre (disent-ils) encore plus libre que la volonté ; la volonté forcée demeure toüjours volonté:
Mais la Religion forcée n'est plus du
tout Religion ; Ils disent, qu'il n'y a
rien plus contraire à la Religion que
la contrainte : Qu'il n'y a nulle apparence qu'un culte forcé pût être agréable à Dieu , puis qu'il n'y a point
d'homme à qui il ne deplût de se
voir servi & honoré par force.

Les Conciles de Nicée , de Con-
stantinople , d'Ephese , de Chalce-
doine,

doine, & autres décident auffi, qu'il ne faut pas contraindre ceux qu'on croit Hérétiques, qu'il ne faut pas ufer de violence contr'eux.

Suivant ce principe St. Martin fut autrefois Interceffeur vers Maximus pour les hérétiques de fon tems, & le fupplia qu'on ne les força pas par violence à faire profeffion de la véritable Religion.

En l'année 386. Il y eût un Concile à Tréves, *a* où l'Evefque Itacius fut accufé d'avoir contre l'efprit de l'Eglife pourfuivi Pritcillian & fes Sectateurs à mort.

En l'année 444. Chelidonius Evêque de Befançon *b* fut dépofé, parce qu'il avoit affifté à des jugemens en matiere criminelle.

Nous ferions voir, fi nous croyons qu'il fut néceffaire que dans tous les fiecles du Chriftianifme la violence & la contrainte en matiere de Religion ont toujours été condamnées ; Que l'Eglife n'a crû devoir fe fervir que de moyens doux ; Que la véritable Eglife à l'imitation de Jefus Chrift qui eft fon chef, veut miféricorde, & non point Sacrifice.

I 3

Nous

a Mezer. tom. 1. pag. 10. & 11.
b Idem pag. 41.

Nous ferions mefme voir que les Canoniftes appellent nouvelle & extraordinaire la Prédication qui eftoit accompagnée de coups , & qui exige la foy avec des menaces & des coups : *a* Mais nous nous difpenfons de rapporter toutes ces preuves , parce que les Jefuites eux mêmes *b* avoüent que les Canons ne veulent pas que les Pafteurs frappent. Le Sieur Maimbourg parlant de la Religion Réformée dit : *c* Cette malheureufe Secte qui par la feule maniere violente & toute contraire à l'Evangile dont elle s'eft voulu établir , fait voir manifeftement qu'elle eft fauffe , & qu'elle ne fut jamais de Jefus Chrift qui

a Quid autem de Epifcopis qui verberibus timeri volunt *Canones dicant bene Fraternitas veftra novit.* Paftores etenim facti fumus non percuffores. Et egregius Prædicator dicit : (Argue, obfecra, increpa in omni patientia & doctrina) nova veró atque inaudita eft ifta prædicatio quæ verberibus exigit fidem , Decret, 1. pars, diftinct. 45.c. l.

b Voy fur ce fujet Maimbourg. hift du Pontif. de S. Grég. le Grand, page 233.241. & 242. Ibid. page 212.

c Maimbourg hift. du Calvinifme livre 1. page 3. impreff. Holl.

qui eſt le Dieu de paix ; ſi les Réſor-
mez à qui on a fait une Guerre con-
tinuelle, pouſſez quelquefois au déſeſpoir ſe ſont deffendus , ſont appellez
malheureux Sectaires , & ſi leur Religion eſt condamnée quoy qu'elle ne
leur ayt pas meſme conſeillé de ſe défendre , comment peut-on appeller
ceux qui perſécutent , & quel jugement
doit-on faire de la Religion qui excite à perſécuter ?

Diſons donc avec un Catholique
Romain tres-habile , *a* qui reproche
aux Eccléſiaſtiques qu'ils ſont les Au-
teurs & les Inventeurs de la torture, d'où
vient cette avidité de ſupplices qu'on
voit aujourd'huy dans tant d'Eccléſiaſtiques qui nous préſcrivent tous ces
violens empreſſemens , à nous plon-
ger dans ces dangereuſes Pratiques de
la Torture ; Où eſt allée cette douceur & cette Pieté du Sacerdoce , qui
ſe vante d'eſtre ennemie du ſang & des
extrémes rigueurs ? S'il a fallu mar-
cher ſur les traces des Tyrans & des
Princes Idolatres en la pratique de ces

I 4 queſ-

a Mre. Auguſtin Nicolas Conſeiller du
Roy & Maître des Requêtes ordinaires de
ſon hôtel au Parlement de la Franche-com-
té de Bourgogne, Diſſertation Morale &
Juridique ſur la Torture page 75.

„ queſtions, falloit-il que ce fut cet Or-
„ dre ſacré qui ſoüillâ la candeur de ſon
„ caractére dans les ſanglants effets d'un
„ Miniſtere ſi périlleux ? Où ſont les
„ riſques d'irrégularitez ſi ſouvent me-
„ nacées dans les Canons & dans les
„ Conciles ? Eſt-ce une excuſe ſuffiſan-
„ te de dire qu'un Prêtre n'en eſt que
„ le Définiteur ? Qu'il n'inſtruit que
„ le Procez ; & qu'il ſe ſert des Juges
„ & des Magiſtrats ſéculiers pour Exé-
„ cuteurs de ſes Arrêts ? A quoy donc
„ eſt réduit cét axiome de droit , qui
„ dit , que qui fait quelque choſe par
„ le miniſtere d'autrui , eſt réputé l'a-
„ voir fait luy-meſme ?

Nous pouvons tenir ce langage avec
beaucoup plus de raiſon que cet Autheur , car non ſeulement nous avons
droit comme luy de leur reprocher
qu'ils ſont les Inventeurs de la Torture en géneral : Mais auſſi de leur
reprocher qu'ils ſont les Autheurs des
Tortures que nous avons ſouffert. La
cruauté de ces Eccléſiaſtiques s'eſt ſur-
paſſée elle-même à nôtre êgard ; car
originairement ils ne l'ont inventée que
pour preſſer un Accuſé à avoüer s'il
eſt coupable , ou que pour voir s'il eſt
innocent ; Mais on nous a mis à la
geſne , on nous a donné la Torture ,

juſ-

jufques à ce que nous ayons dit que
nous fommes Catholiques Romains,
quoy qu'on fache tres-bien que cela
n'eft pas vray.

Ce n'eft pas le Clergé luy-même
, nous dit on, qui nous fait fouffrir
tous ces maux ; mais fi ce n'eft pas le
Clergé qui nous les fait endurer : Que
devient, dit nôtre Autheur, la maxime de droit *a* qui porte, que qui
fait quelque chofe par le Miniftere
d'autrui eft réputé l'avoir fait lui-même.

Tout ce que nous venons de dire
fuffit pour lever le premier fcrupule
qu'avoient nos Concitoyens; ils faifoient
difficulté de condamner la Révocation
de l'Edit de Nantes, & fes fuittes,
parce que le Clergé les Directeurs de
leur confcience en font les Autheurs,
& parce que les Parlements ont vérifié l'Edit de Révocation, & approuvé
par conféquent tout ce qui s'eft fait en
fuitte. La premiere difficulté eft ôtée,
tâchons d'ôter auffi la feconde & la
troifiéme.

I 5 CHA-

____

a Qui per alium facit per feipfum fecifle
videtur, L. 72. de reg. jur. fext. decret.

CHAPITRE CINQUIEME.

ARGUMENT.

Examen du second Scrupule. Que l'Uniformité qui se voit en ce que tous les Parlements ont vérifié l'Edit de Révocation de celui de Nantes, montre qu'ils sont également obéissants aux Ordres du Roy, & non pas qu'ils croyent que cette Révocation soit juste. Faux principe. Conséquences funestes qu'on peut tirer de ce faux principe.

LA vérification de l'Edit qui révoque celui de Nantes & qui a esté faite dans les Cours Souveraines du Royaume, ne doit pas estre un préjugé favorable à cette Révocation.

L'Empereur Charles V. faisoit semblant d'entretenir les Etats de l'Empire en ses libertez ; Il faisoit les Diettes & journées instituées de toute ancienneté lors qu'on vouloit déliberer sur le fait commun de la République Germanique ; mais la conclusion de tous les conseils & de tous les avis dépendoient de luy seul ; ce

qui

qui lui fût reproché par le Duc Maurice & par le Marquis Albert, qui lui fuscitérent par cette raison là une grande Guerre *a*.

Il en eft de mefme en France; Les Parlements ont conferué leurs Priviléges & prérogatives exterieures; Ils s'affemblent comme autres fois. Ils portent l'efcarlatte & l'hermine; Mais toutes leurs conclufions dépendent de la volonté de ceux qui gouvernent; Et fur tout des Jefuites, qui abufent aujourd'huy du crédit qu'ils ont.

Ciceron parlant autres fois aus Sénateurs de Rome leur difoit, *b* que lors que la violence régnoit dans leurs Villes, ceux qui avoient les armes en main, y avoient auffi la puiffance & l'authorité. Ils vous commandoient (leur difoit il) imperieufement, de ne rien conclurre en vos déliberations, que ce qu'ils vouloient entreprendre. Ils dictoient chés eux les Arrefts qu'ils vous faifoient prononcer au Sénat. Et pendant que vous ordonniez ce qu'ils vouloient exécuter, vous n'ofiez ordonner ce que vous vouliez qu'ils exécutaffent.

I 6   Les

a Pafquier recherches de la France page 995. & 996.
b Orat. pro pace.

Les Cours Souveraines en France, n'ont plus que cet Auguste titre, on dicte chez le P. la Chaise ou ailleurs les Arrests qu'on leur fait prononcer au Senat. Ils obeïssent, de mesme que toutes les autres Compagnies Subalternes.

Loüis XI. ayant autres fois envoyé un Edit au Parlement de Paris pour estre vérifié, on refusa de le publier: le Roy jura en colere qu'il feroit mourir tous ceux qui avoyent desobeï. Toute la Cour l'ayant sçû vint au Louvre en Robbe rouge comme en procession, & se présenterent au Roy en cét estat; Et comme il leur demanda ce qu'ils demandoient eux mesmes, Mr. de la Vacquerie premier Président portant la parole pour toute la Compagnie respondit, la mort Sire, qu'il vous à plû nous ordonner & que nous aymons mieux souffrir que de vérifier vostre Edit contre nos consciences *a*.

Mr. Pasquier *b* nous dit, qu'estant Advocat général, dans la Chambre des Comptes a Paris. Mr. 'de Soissons y ayant apporté certains Edits pour estre vérifiez, il s'opposa vigoureusement à ce

a Recherches de la France par Pasquier page 567. & 1001.
b Ibidem page 568.

ce qu'ils le fuſſent, que Mr. de Dola l'un des Préſidents de la Chambre demanda ſi Mr. de Soiſſons n'entendoit pas que châcun oppineroit comme en toutes autres affaires. Que Mr. de Soiſſons ayant répondu qu'il n'en avoit nulle charge ; Mais ſeulement de faire vérifier les Edits , Mr. Dola repliqua , que puis qu'on ne vouloit point prendre leurs avis, on n'avoit pas beſoin de leurs préſences, & que tous ſe retirerent dans la réſolution de ne conſentir ni de parolle ni de préſence à cette publication.

Mr. Homere Talon , Advocat général au Parlement de Paris *a* Haranguant le Roy Régnant aujourd'hui ,
,, lui dit, autres fois il eſtoit permis à
,, ce Parlement de contredire aux Roys,
,, & de dire avec vérité, Sire , cela
,, n'eſt pas juſte. Mais aujourd'hui par
,, un déſordre dans la morale, & une
,, illuſion dans la Politique, l'on apporte
,, des Edits tous dreſſez dont l'on eſt
,, bien aſſeuré de la vérification qui
,, s'en doit enſuivre. Autres fois cette

a Harangue faite au Roy par Mr. Talon ſon Advocat général au Parlement de Paris. Imprim. à Paris chez François Noel ruë St. Jacques aux Colomnes d'Hercules en l'année 1649. page 4, 5, 6, & 7.

„ te Cour à résisté au Roy François I.
„ Aagé de trente ans sur quelques Le-
„ vées qu'il vouloit faire sur son peu-
„ ple , & à présent, on n'ose rien re-
„ fuser à Vôtre Majesté , mesme pen-
„ dant sa minorité. . . . . . . Nous pou-
„ vons dire à Vôtre Majesté que ses
„ victoires ne diminuënt rien de la mi-
„ sére de ses Peuples ; Qu'il y a des
„ Provinces entieres où l'on ne se nour-
„ rit que d'un peu de pain d'avoine &
„ de son. Que ces Palmes & ces Lau-
„ riers pour lesquels accroître on tra-
„ vaille tant de Peuples, ne sont point
„ contées parmi les bonnes plantes,
„ puis qu'elles ne portent aucun fruict
„ qui soit bon pour la vie. . . . . . L'on
„ à mis imposition & fait des Levées
„ sur toutes les choses dont on s'est pü
„ imaginer. Il ne reste plus, Sire, à
„ vos sujets que leurs ames , lesquelles si
„ elles eussent été vénales, il y a long-
„ tems qu'on les auroit mis à l'Ancan.
„ Ce Gouvernement despotique &
„ Souverain seroit bon parmi les Sci-
„ thes, les Barbares & les Peuples
„ éloignez & septentrionaux, qui n'ont
„ que le visage d'hommes. Mais en
„ la France qui a toûjours esté le pays
„ le mieux Policé du monde, les Peu-
„ ples ont toûjours fait état d'estre nez
„ li-

,, libres, & de vivre comme véritables
,, François, cependant ils se voient
,, traittez comme des Esclaves & For-
,, çats qui gémissent, & prêtent le dos
,, sous le bâton des Comites de Galé-
,, res, dont-ils voudroient avoir dévo-
,, ré le cœur, bien loin d'attirer par
,, leurs priéres les bénédictions du ciel
,, sur cét estat; Il y-en-a beaucoup qui
,, médisent, & maudissent dans le cœur
,, ceux qu'ils sont obligez de respecter
,, à l'extérieur. C'est à vous, à pen-
,, ser à toutes ces choses, & de faire
,, réflection sur toutes les miséres du
,, temps, lors que vous serez recueilli
,, dans vôtre Cabinet & vôtre Oratoi-
,, re. Songez que pour l'entretien de
,, la Guerre il y a tant d'ames qui gé-
,, missent dans les Provinces; faites que
,, la bonté, la douceur & l'humanité
,, puissent désormais avoir des lettres de
,, naturalité dans le Louvre.

Les choses sont en France dans un
Estat encore plus pitoyable ; Mais
Messieurs de la Vacquerie, Pasquier
& Talon sont morts; Et ils n'ont laissé personne aprés eux qui soutienne
avec fermeté le droit à celui à qui il appartient.

Toutes les Cours Souveraines flé-
chissent, & font voir leur foiblesse en
toutes occasions.   Le

Le Parlement de Metz par exemple *a* ayant donné quelqu'Arrêts qui ne plaiſoient pas au Roy. Sa Majeſté étant à Metz obligea le Parlement de le venir trouver à pied au Louvre, ou eſtant le Roy déchira de ſa main ces Arrêts dés qu'on lui eût préſenté les Régîtres, & en fit enregîtrer un de ſon Conſeil qui eſt des'avantageux à la Cour. Elle le ſouffrit ſans faire la moindre réſiſtance.

Tout le monde ſait ce qui eſt arrivé dans nos jours, & depuis trés-peu d'années au Parlement de Paris cette Compagnie illuſtre. Sa Majeſté ayant établi une Chambre Ardente pour juger les Empoiſonneurs qui eſtoient en trésgrand nombre dans le Royaume ſur tout à Paris, Mr. le Maréchal de Luxembourg fut ſoupçonné ou accuſé de ce crime, il fut mis en Arreſt; Et les Commiſſaires de cette Chambre inſtruiſoient ſon Procés, la Cour de Parlement alla en Corps en Robbe rouge, remontrer au Roy, que les Ducs & Pairs & les Princes du Royaume êtoient naturellement de leur Juriſdiction, ſe plaignirent de ce qu'ils en eſtoient depoüillez par cette Chambre Ardente. Dirent que les Rois

Pré-

---

a. Mém. de Baſſompierre pag. 658.

Prédeceſſeurs de Sa Majeſté les avoient toûjours maintenus dans leurs droits, Priviléges & Prérogatives, & ſuppliérent le Roy de les-y maintenir auſſi. Aprés que Sa Majeſté eut écouté tranquilement leur diſcours, il répondit à Mr. le premier Préſident qui lui avoit porté la parolle, Monſieur les Roys mes Prédéceſſeurs l'ont fait ainſi pour de bonnes raiſons, & moy pour de bonnes raiſons je fais autrement; Et en meſme tems ſe retourna & s'en alla.

Les Parlements obëiſſent. Il ne faut donc pas croire, que la révocation de l'Edit eſt juſte, par ce qu'elle à eſté vérifiée dans les Cours de Parlement du Royaume : Qu'ils l'ayent trouvé juſte ou non, toûjours eût-il fallu qu'ils la vérifiaſſent, il n'eſt pas ſûr que toutes les Cours l'ayent approuvée, il y-en-à aſſurement pluſieurs qui l'euſſent rejettée ſi elles euſſent oſé. Quand quelques-uns l'auroyent effectivement approuvée, il ne s'en ſuivroit pas qu'elle ſeroit juſte.

Les Jeſuites ayants eſté jugez, & reconnus en l'année 1595. par le Parlement de Paris Corrupteurs de la jeuneſſe, Perturbateurs du repos public, Ennemis du Roy & de l'Eſtat, &

con-

condamnez à fortir dans quinze jours du Royaume *a* le Parlement de Bordeaux & celui de Toulouze refuférent de fe conformer à ce jugement ; de forte que les Jefuites fe maintinrent en Guienne & en Languedoc jufqu'a leur rappel.

Voila des Cours Souveraines qui fe déclarent hautement d'avis contraire aux autres ; Si quelques unes ont bien jugé, les autres jugent trés-mal. Cette difference de fentiment fait voir deux chofes, la premiere, qu'encore que les Cours Souveraines foient compofées de gens fages & êclairez, y entrant quelques fois dans leur jugements de l'intereft, ou de la paffion, ou de la prévention pour ou contre quelqu'un ; Leurs Arrefts ne font pas infaillibles, & qu'il ne faut pas fe régler fur eux comme fur des décifions de l'Evangile, dés là qu'ils peuvent eftre fautifs & qu'on le fait, ils font fujets à l'examen ; C'eft ce qu'il faut faire en cette occafion, & pour ce qui regarde la révocation de l'Edit de Nantes.

La feconde chofe que nous remarquons dans cette contrarieté d'avis, eft, qu'il ne faut tirer conféquence, de ce que

a Maizer. Tom. 6. pag. 129.

que toutes les Cours Souveraines ont unanimement vérifié la révocation de l'Edit de Nantes ; Si elle n'eût esté ordonnée que par quelques Parlemens, l'affaire des Réformez estoit bien pour le moins aussi favorable que celle des Jesuites, il se fut assurément trouvé des Cours Souveraines qui eussent refusé de se conformer aux sentimens des autres, & de condamner ces pauvres Réformez Innocens, mais ç'a esté un ordre d'un seule personne qui à esté donné a toutes les Cours Souveraines; Ils n'ont pas opiné : Ce n'est pas par leur avis que la perte des Réformez a esté résoluë, & sans doute a ce esté contre leur avis, du moins de la plus part, que la résolution a esté exécutée, mais ils ont tous eu ordre de verifier l'Edit. Cette uniformité qui se voit, en ce que toutes les Cours généralement ont vérifié l'Edit de révocation de celui de Nantes, montre qu'ils sont tous également obéïssants aux Ordres du Roy ; mais elle ne montre pas qu'ils croient tous que cette révocation soit juste ; Ils n'ont pas eü la liberté de déliberer là dessus, bien moins ont-ils eû celle d'en juger.

Enfin, il ne faut pas croire que cette révocation ni ses suittes soient justes,

parce

parceque toutes les Perfonnes de qualité, tant celles qui approchent le Roy
que celles qui ne l'approchent pas, l'approuvent.

Si ces raifonnemens étoient juftes,
il s'en fuivroit qu'on devoit croire à
Rome, *a* que les paffions furieufes de
Néron étoient bonnes & légitimes,
parceque le Sénat eftoit fi lache que
d'y fatisfaire aveuglement & de rendre des Arrêts tels qu'il le défiroit,
& parceque fes Courtifans les approu-
voient par flatterie.

Toutes les Perfonnes de qualité ne
l'approuvent pas, fi ils ne difent pas
qu'ils les de s'approuvent, il ne s'en-
fuit pas pourtant qu'ils les approuvent;
Les advis font fort partagez là deffus,
les uns pour faire leur Cour, ont affez
de foiblefse pour les approuver ; Les
autres n'ofent pas les dés'approuver
hautement de peur que les Courtifans
voulants faire leur Cour à leurs def-
pens, ne les dénoncent, ne les perdent & ne s'élevent fur leurs ruines.

Mais préfuppofé que le nombre de
ceux qui les approuvent foit beaucoup
plus grand qu'il n'eft, lors qu'il s'agit
de l'heureufe vie (dit un fage Payen)
il

a Mr. le Sueur Hift. de l'Egl. & de l'Emp.
Tom. pag. 270.

Il ne faut pas, que vous me répon-
diez, comme quand les juges se sépa-
rent, selon l'opinion qu'ils tiennent.
Ce parti me semble le plus fort, il y
a plus de monde de ce côte là, car
c'est peut-estre par cette raison, que
ce parti est le plus mauvais. Les choses humaines n'ont pas tant de bonne
fortune, que les plus Saines & les meil-
leures soient agréables au plus grand
nombre. La foule est ordinairement
une marque du peu de prix que va-
lent les choses. Cherchons ce qui est
le mieux, & non pas ce qui est le plus
pratiqué. Cherchons ce qui nous doit
mettre en possession de la felicité éternelle, & non pas ce qui est approuvé
par le vulgaire, qui est un trés-mau-
vais interpréte de la verité. *a* d'Ailleurs le droit Civil, le droit Canon, les
Docteurs de l'Eglise, & enfin l'Ecriture Sainte nous Régle sur ce sujet;
b Il ne faut pas fonder son jugement
sur les exemples, mais sur les Loix,
disent

a Seneq. Opusc. de la vie heureuse
chap. 2.

b Non exemplis sed legibus judicandum
est. l. nemo. cod. de sentent. & interloc.
tit. 47.

disent les Jurisconsultes, *a* la Saine raison doit l'emporter par dessus les exemples disent les Canonistes *b* le grand nombre de personnes qui péchent, n'authorize pas le péché, disent les Docteurs de l'Eglise, & enfin *c* la Loy & l'Ordonnance de Dieu portent qu'il ne faut pas suivre la multitude pour mal faire, nous ne nous étendons pas sur ce sujet, parce que Mr. Jurieu l'oracle de ce siecle a fait voir il n'y à pas llong-tems qu'il ne faut pas toûjours suivre la multitude. Passons au dernier scrupule & voyons s'il est mieux fondé que les autres.

CHA-

a Sana quippe ratio etiam exemplis anteponenda est, cui quidem & exempla concordant, sed illa quæ tantò digniora sunt imitatione quanto excellentiora pietate Decret. prima part. distinct. 9. c. 11.

b Peccantium multitudo non parit errori patrocinium, St. Hieronim. epist.

c Exod. ch. 23. v. 2.

d Lettr. Pastor. du 1. Octob. 1688.

CHAPITRE SIXIEME.

ARGUMENT.

Examen du troisiéme scrupule. Que les maux auxquels Dieu nous expose, ne sont pas des marques qu'il approuve ceux qu'on nous fait souffrir, & que nous lui sommes Ennemis ou au moins indifférents. Preuves de l'Ecriture Sainte sur ce sujet. Ce que les Payens pensent des maux auxquels les gens de bien sont exposez. Que ce scrupule est trés-blâmable. Qu'il y a plusieurs Catholiques Romains qui n'ont pas ces trois scrupules. Raisons pour lesqu'elles ceux là ne se déclarent pas hautement pour nous.

COmment pouvoir croire dit-on, que nôtre cause est si bonne, & que nous avons si bon droit, puis que Dieu qui n'authorise point l'injustice, permet pourtant que nous soions accablez, & que nous succombions pour ainsi dire sous nos propres ruines ; Et puis que Dieu ne donne aucun signe qui montre que nôtre Religion est bonne, & qu'on nous fait tort.

Les

Les maux qui nous environnent ne doivent pas donner de mauvaises idées de nos personnes, ni de nôtre doctrine ; & ne doivent pas empécher qu'on ne croye qu'on nous fait grand tort.

Jesus Christ qui à esté *a* le Saint, l'Innocent, le séparé des pêcheurs n'a-t-il pas esté trahi par Judas, *b* présenté aux Sacrificateurs & aux Gouverneurs, exposé à la fureur du *c* Peuple, conduit à Golgotha, & attaché à une croix.

Ce scrupule est criminel bien loin d'estre raisonnable ; C'est avoir le même sentiment de nostre misére qu'avoient autresfois les amis injustes de Job *d* qui croient qu'il estoit coupable parce qu'il estoit affligé, remets toy en mémoire je te prie (lui disoient ils) qui est l'Innocent qui jamais périt, & où ont esté exterminez les hommes droits ? C'est imiter les Ennemis de David *e* qui disoient de lui lors qu'il estoit dans son lict de douleur, que

quel-

a Epit. de St. Paul aux Hebr. ch. 7. v. 26.

b St. Math. ch. 26. v. 14,15, & 16. 49, 50.

c Ibidem ch. 27. v. 11, 27. & suiv.

d Job. ch. 4. v. 7.

e Ps. 41. v. 8, & 9.

quelqu'action telle que celle que les mêchans garnemens commettent, le tenoit enferré; C'eft tenir un langage pareil à celui des Apoftres mêmes *a* avant qu'ils fuffent bâtifez du Saint Efprit, lefquels voyans un aveugle né, difoient, Maiftre qui à peché, celui-ci, ou fon Pere, ou fa Mere, pour eftre ainfi né aveugle? C'eft reffembler à ces Barbares de Malthe *b* lefquels voyants une vipére attachée à la main de St. Paul, aprés qu'il fut échappé d'un naufrage, difoient, certainement cêt homme eft meurtrier; La vangeance divine ne permet pas qu'il vive.

Ceux qui doutent de la verité de noftre Religion & de nôtre bon droit, font mal inftruits, & ont mal appris les Saintes Lettres, qui rendent fage à falut.

S'ils les avoient etudié, ils fauroient *c* que Jefus Chrift dit, qu'il faut que quiconque veut aller aprés lui, rer.once à foy-même, & qu'il charge fa croix; qu'il leur prédit *d* qu'ils auront plufieurs angoiffes au monde; qu'il leur

K

décla-

---

a Evang. felon St. Jean ch. 9. v. 2.

b Actes des Apôt. ch. 28. v. 4.

c St. Math. ch. 16. v. 24.

d Evang. felon St. Jean ch. 26. v. 33.

déclare *a* que c'eſt par pluſieurs tribu-
lations qu'il faut qu'ils entrent au
Royaume des cieux.

Ils ſauroient comme Eſaïe *b* diſtinguer entre les playes d'Ennemis, & entre les coups d'amis. Ils mettroient comme Jeremie *c* une grance difference entre le jugement qui eſt tombé ſur l'Egliſe, & entre l'extermination que Dieu
prépare aux adverſaires.

Ils ſauroient que Dieu agit quelques-
fois en Pere & quelques-fois en juge;
Que quelque fois Dieu juge ſes enfans afin qu'ils ne périſſent point avec
le monde, mais que quelques-fois ſa
colére eſt un feu conſumant, & que
ſon jugement ſans miſéricorde, eſt
pour ceux qui n'ont point uſé de miſéricorde.

Ils auroient vû des Apoſtres meſmes chargez à outrance plus qu'ils ne
pouvoient porter; *d* tellement qu'ils en
eſtoient en extréme perplexité même
de la vie, qu'ils ſe voioient comme ſi
ils euſſent receu en eux mêmes la Sen-
tence de mort; Et que cela leur eſt
arri-

a Actes des Apôt. ch. 14. v. 22.
b Eſaïe ch. 27.
c Jeremie ch. 46.
d 2. Epit. de St. Paul aux Corinth. ch. 1.
9, & 10

arrivé , afin qu'ils n'aient point de confiance en eux mêmes , mais en Dieu qui reſſuſcite les morts. Qu'en ſuitte Dieu les a délivrez d'une ſi grande mort.

Mais , n'eſt-ce pas trop exiger des Catholiques Romains ? On leur deffend de lire l'Ecriture Sainte , pouvons-nous prétendre que comme Timothée , ou comme Apollos *a* ils ſoient puiſſants dans les Saintes Lettres ? Cette Chandelle *b* eſtant miſe ſous le boiſſeau , pouvons nous prétendre qu'elle les éclaire ? Non , mais nous leur ferions ſans doute tort , ſi nous croyons qu'ils ont la raiſon moins droite que les Payens ; Et ſi nous ne croyons que leurs ſentimens ſont au moins auſſi conformes à l'intention de Dieu que ceux des Payens. En tout cas, s'ils ne leur eſt pas permis de lire les Livres Divinement inſpirez , ils ont la liberté de lire les ouvrages des Sages Payens ; S'ils veulent ſe donner la peine de lire le traitté de Senéque ou ſes opuſcules de la providence de Dieu; *c* Ils verront que cêt homme qui n'avoit que la foible lu-

K 2

miere

a Actes des Apôt. ch. 18. v. 24.
b St. Marc chap. 4. v. 21.
c Chap. 1.

miere de la raison , croit , & dit , que
Dieu ne nourrit pas les gens de bien
dans les plaisirs & dans les délices ;
qu'il les éprouve , qu'il les endurçit,
qu'il les dresse & qu'il les instruit
comme des Soldats qu'il veut enroller
sous ses enseignes.

,, *a* Il ne faut pas (dit-il) regarder
,, ce qu'on endure , mais de qu'elle fa-
,, çon on endure. L'amitié des Peres est
,, bien différente de celle que les Mé-
,, res ont pour leurs enfants. Nos Pe-
,, res nous font passer de bonne heure
,, dans les études & dans le travail , ils
,, ne souffrent pas même que nous de-
,, meurions oisifs aux jours qui sont
consacrez au repos ; Quelquesfois ils
,, nous arrachent de la sueur ; Et quel-
,, quesfois aussi des larmes , mais nos
,, Meres nous voudroient toûjours te-
,, nir à l'ombre & entre leurs bras ;
,, Elles ne sauroient endurer que nous
,, pleurions , que l'on nous fache , &
,, que l'on nous donne de la peine.
,, Dieu a pour les gens de bien un
,, amour de Pere, ou plûtôt, il a pour
,, eux un amour plus fort & plus gé-
,, nereux.

Il ne veut pas qu'on croye qu'on est
coupable & criminel, parce qu'on est
mal

<hr>

a Chap. 2.

malheureux , & que toutes les fois qu'on eſt dans le combat ou qu'on ſouf-fre , on ſouffre par punition ; Il n'eſt pas plus injuſte , dit-il , que l'homme de bien ſoit perclus de ſes membres , qu'il ſoit le but de tous les maux , qu'il ſoit comme Empriſonné dans les li-gamens que la Medecine a inventé , pendant que les méchants joüiſſent d'une ſanté parfaite , & qu'ils ne mar-chent que ſur des Roſes , qu'il eſt in-juſte que les hommes courageux pren-nent les armes , & qu'ils paſſent la nuit dans une trenchée avec les bleſ-ſures qu'ils ont receües , tandis que des effeminez qui font profeſſion d'im-pudicité , font à leur aiſe dans la Vil-le ; Que des filles illuſtres ſe relevent de nuit pour aller faire des Sacrifices , & que cependant des débauchées dor-ment à leur aiſe dans un bon lict. Que le Sénat paſſe ſouvent tout le jour à conſulter ſur une affaire , tandis que les moindres du Peuple font ſur la pla-ce à ſe réjoüir , ou dans le Cabaret , ou dans quelqu'autre divertiſſement.

Nos Concitoyens ſe trompent lors qu'ils croyent que Dieu nous néglige , ou qu'il nous traitte mal ; ou que nous ſommes ſes Ennemis , ou que nous lui ſommes indifferents , parce qu'il permet qu'on nous fasse souffrir une infinité de maux, & qu'il nous expose aux plus grands dangers.

Nôtre sage Pàyen *a* leur montre leur erreur ; Pourquoy, dit-il, Dieu envoye-t il ordinairement aux gens de bien ou des afflictions ou des maladies? Pourquoy même dans les Armées donne-t-on aux plus courageux, & aux plus braves les ordres les plus périlleux ? Il répond, que c'est par la même raison qu'un Capitaine n'envoye que des hommes d'Elite pour attaquer de nuict les ennemis, ou pour enlever un Quartier, ou pour reconnoître les lieux, ou pour chasser d'une Forteresse la Garnison qui la deffend. Vous n'entendez dire, adjoûte-t-il à pas un de ceux qui partent pour de pareilles entreprises que leur Général les traitte mal, mais au contraire qu'il les estime, & qu'il les ayme.

Aprés cela nos Concitoyens peuvent-ils dire ou croire que ceux qui souffrent sont coupables ou criminels, qu'ils sont Ennemis de Dieu, ou qu'ils lui sont indifferents? Qu'ils lisent tout ce traitté de Séneque que nous venons de citer, dans lequel il examine la question, pourquoy il arrive tant de

maux

a Chap. 4.

maux aux gens de bien , puis que le Monde est conduit par la providence, & leur scrupule sera levé ; il leur sera impossible de refuser aux Réformez la justice qui leur est duë. Si la Lecture Sainte leur estoit permise nous leur indiquerions aussi le Pseaume trente-septiéme tout entier, la Lecture leur serviroit beaucoup à se determiner en nôtre faveur.

Mais comme nous savons qu'elle leur est défenduë, nous les renvoyons aux vies de leurs prétendus Saints ; ils y verront, que les souffrances sont les titres sur lesquels leur Sainteté est fondée ; ils verront que les adversitez sont les appanages des justes, *a* qu'ils consultent Mr. l'Evêque de Meaux leur Oracle. Ils apprendront de luy, que peu d'Héretiques ont eû à souffrir pour la foy , & que toûjours la véritable Eglise a esté persécutée. Ils verront ces véritez tres bien prouvées dans son discours sur l'Histoire Universelle à Monseigneur le Dauphin, particulierement dans le Chapitre douziéme.

S'ils ne peuvent se persuader que les

K 4

souf-

<hr>

a Le P. Pierre Joseph d'Orleans , dans la vie du P. Pierre Cotton imprimée à Paris en 1688, liv. 1. page 26.

fouffrances font des marques d'appro-
bation & d'élection en ceux qui font
affligez , qu'ils ceffent au moins de
croire qu'elles font des marques infaillibles de leur réprobation.

Qu'ils apprennent du fage Salomon
a que fous le Soleil la courfe n'eft
point feulement aux légers , ni aux
forts la bataille , ni aux fages le pain,
ni aux prudens les richeffes, ni la grace aux favants , mais que le tems &
l'occurrence en efchet à eux tous, *b* que
tout avient pareillement à tous; Qu'un
même accident eft au jufte & au méchant , au bon, & au net , & au foüil-
lé , au facrifiant & à celuy qui ne fa-
crifie point.

Qu'ils apprennent du Payen , que
nous venons de leur indiquer, *c* & de
l'experience qu'ils font tous les jours
eux-mêmes ; que Metellus & Appius
ne font pas feuls privez de la vuë ,
que ce ne font pas ceux feulement qui
méritent qu'on leur arrache les yeux
qui en perdent l'ufage ; qu'Elius ce
Miniftre infame des plus infames vo-
luptez ; n'eft pas auffi le feul qui poffede
du

a Eccléfiaft. ch. 9. v. 14.
b Ibid. v. 2.
c Seneq. ibid ch. 5.

du bien ; Qu'il y a de l'or dans les lieux de débauches de même que dans les Temples.

Si dans cette incertitude dans laquelle ces évenements nous jettent, il nous eft permis de pancher de quelque côté, c'eft fans doute de celuy des affligez ; ce que l'Ecriture Sainte, & la raifon des Payens nous difent, doivent former des préjugez légitimes en leur faveur. L'Hiftoire de la Naiffance & de l'Etabliffement de la Religion Chrétienne dans le Monde doit nous determiner en faveur des Perfécutez. Le Chriftianifme a toujours fouffert, *La vraye Eglife, l'Epouze de Jefus Chrift eft toûjours brune, parce que le Soleil la regarde, & que les Enfans de fa mere la contraignent à garder les vignes.* Ces paroles myfterieufes renferment toutes les preuves de cette vérité que la vraye Eglife fouffre, & toutes les raifons pour lefquelles elle fouffre, & les moyens qu'on employe pour la faire fouffrir.

Les Difciples de Jefus Chrift ont toûjours fouffert *a* faim & foif ; ils ont toûjours efté nuds, fouffletez, & errants çà & là, toûjours on a dit du

K 5

mal

a I. Epitre de S. Paul aux Corinth. ch. 4. v. 9, 11, 12, 13, & 14.

mal d'eux ; ils ont esté persécutez & blâmez ; ils ont esté faits comme la balieure du Monde & la raclure de tous ; en un mot Dieu les a mis en montre ; ils ont esté rendus les spectacles des hommes & des Anges.

On ne lit nulle-part que la vraye Eglise ayt persécuté les fausses par ses propres principes , si elle les avoit persécuté en cela , & par cela même qu'elle l'auroit fait , elle ne seroit pas la véritable Eglise.

Les maux qu'on nous fait sont donc des signes qui montrent , que nôtre Religion est bonne , & qu'on nous fait tort.

Que nos Concitoyens n'en demandent point d'autres que ceux que nous leur donnons. Leur prétention seroit injuste , s'ils vouloient qu'il se fit quelque miracle pour les mettre hors de tout doute.

Elle ressembleroit à celle des Sacrificateurs & des Scribes *a* qui crachants contre Jesus, luy couvrant la face, & luy donnant des soufflets luy disoient, Prophétize nous. Ce n'est pas la géneration éluë, ni la Nation sainte, ni le Peuple acquis qui demande des signes;

a S. Marc. chap. 14. v. 65.

nes ; c'eſt la Nation péchereſſe. *a*

Dire que ſi nôtre cauſe eſtoit bonne, Dieu qui n'authoriſe point l'injuſtice, ne permettroit pas que nous ſoions accablez , & que nous ſuccombions ſous nos ruines : qu'il donneroit quelque ſigne qui montreroit que nôtre religion eſt bonne, & qu'on nous fait tort. C'eſt tenir le même langage que ces Sacrificateurs, ces Scribes, & ces Anciens *b* qui diſoient de Jeſus Chriſt : S'il eſt le Roy d'Iſraël, qu'il deſcende maintenant de la Croix , & nous croirons à luy ; il ſe confie en Dieu qu'il le délivre maintenant s'il l'a pour agréable , car il a dit , Je ſuis le Fils de Dieu.

C'eſt tenir à peu prés le même langage, que le Diable luy-même, *c* qui diſoit à Jeſus Chriſt : Si tu es le Fils de Dieu , di que ces pierres deviennent pain : Si tu es le Fils de Dieu jette toy en bas , car il eſt écrit , il donnera charge de toy à ſes Anges & ils te porteront en leurs mains , de peur que tu ne heurte ton pied à quelque pierre.

K 6   C'eſt

a S. Math. chap. 12. v. 39. ibid. chap. 16. v. 1, & 4.

b Ibid. ch. 27, v. 42, & 43.

c Ibid. ch. 4, v. 3, & 6.

C'eſt faire voir, qu'on ne conſidére pas *a* qu'il faut que toutes les choſes qui ſont écrites (touchant Chriſt , & touchant les fidéles qui ſont ſes membres) en la Loy de Moyſe, aux Prophétes & aux Pſeaumes, ſoient accomplies.

O gens dépourvûs de ſens *b* & tardifs de cœur à croire toutes les choſes que les Prophetes ont prononcées ; Ne faut il pas que le Chriſt (& les fidéles qui ſont ſes membres) ſouffrent , & qu'ainſi ils entrent en ſa gloire.

D'ailleurs n'eſt-ce pas un miracle en faveur de la Réformation que le Roy d'Angleterre ayt eſté déthrôné ſans coup férir parce qu'il la vouloit détruire. Que ceux qui demandent des ſignes & des miracles craignent, que le premier que Dieu fera en faveur de la Réformation ne ſoit leur deſtruction.

Enfin ſi ce raiſonnement étoit juſte ; que Dieu qui n'authoriſe point l'injuſtice, ne permettroit pas que nous ſoyons accablez , ſi nôtre cauſe étoit bonne, il s'enſuivroit que jamais perſonne ne ſouffriroit injuſtement. Car Dieu

a. S. Lu c. ch. 24, v 44.
b. Ibid. v. 25, & 26.

Dieu qui n'authorife pas l'injuftice ne permettroit pas que perfonne fut bleffé, tué, ou volé, ou qu'on luy fit la moindre injuftice ou injure, fi on ne l'avoit merité ; il s'enfuivroit encore une autre abfurdité fi ce raifonnement avoit lieu, un homme, par exemple, qui en auroit offenfé, volé, ou tué un autre ne feroit pas criminel, fi on faifoit voir, que le bleffé, le volé ou le tué eftoit un homme qui n'eftoit pas auffi civil ou auffi raifonnable qu'on eût voulu qu'il fût ; ou même à moins qu'on ne fit voir que l'offenfé n'a jamais eû tort en quelque affaire qu'il ait eû, & à moins qu'on ne perfuade au criminel même que cela eft, & à moins que ce criminel même ne l'advoüa, ou qu'il ne fe fit quelque miracle qui le juftifiâ.

A moins que les Réformez ne montrent que leur Religion eft bonne, & qu'elle ne péche en rien, à moins que leurs Ennemis n'en foient perfuadez & ne l'avoüent, ou à moins qu'il ne fe faffe quelque miracle qui le juftifie ; leurs Perfécuteurs auront efté en droit de commettre toutes les injuftic_es, toutes les violences & toutes les cruautez imaginables.

Les Réformez ont affez fait voir,

que

que leur Religion eſt bonne , & qu'elle ne péche en rien.   Ils ſont fort ſûrs
que leurs Ennemis , du moins la plus-
part en ſont bien perſuadez ; & qu'il
n'eſt pas beſoin de miracle , mais parceque par un endurciſſement de cœur
criminel , ils ne veulent pas l'avoüer ,
ſont-ils en droit de faire tout ce que
la rage & l'Enfer même peuvent ſug-
gérer.

Nos Concitoyens voient bien ,
qu'ils doivent abandonner ce raiſonnement , & que ce dernier ſcrupule eſt
auſſi mal-fondé que les autres.

Ce que nous venons de dire doit ſuf-
fire pour faire connoître à nos Concitoyens Catholiques Romains ; qu'ils
ne doivent , & qu'ils ne peuvent pas
approuver la Révocation de l'Edit de
Nantes ni ſes ſuittes.

Nous ſavons tres-bien , qu'il y en a
pluſieurs d'entr'eux non ſeulement qui
les condamnent , mais même qui blâment les injuſtices qu'on nous fait , &
qui compatiſſent à nos maux ; Mais
qui ne le témoignent pas , de peur-qu'on
ne leur faſſe des affaires , ou du moins
qui le font ſi ſecrétement qu'on ne les
connoit pas : il eſt bon que nous faſ-
ſions voir à ces gens là , qu'encore
qu'ils ne ſoient pas ſi êloignez du Ro-
yau-

yaume des Cieux que les autres , que cependant ils n'y entrent pas s'ils dé-tiennent la vérité en injustice , & si sans craindre la face des hommes, ils ne se déclarent hautement en faveur de l'innocence opprimée & de la ju-stice.

Fin du Chapitre sixiéme.

CHAPITRE SEPTIE'ME.

ARGUMENT.

Examen de ces Raisons Qu'elles ne sont pas légitimes, suivant le sen-timent des Payens, des Jurisconsul-tes & des Pontifes. Que l'Ecritu-re Sainte les condamne. Que Dieu ne les peut authoriser. Exhorta-tions aux timides. Transition à la troisiéme Partie de cét Ouvrage.

NOus ne condamnons pas seule-ment les personnes assises sur les Tribunaux qui ont vérifié la Ré-vocation de l'Edit de Nantes, qui ont condamné une infinité de personnes à des supplices rigoureux , & à la mort même , malgré les lumieres de leurs consciences, sous prétexte que la Loy
leur

leur estoit enjoint de s'y conformer; Ni celles qui ont exécuté ces jugemens iniques ; Il est sans doute que ces gens là sont coupables, Dieu prononce des apréfent l'Arrest de leur condamnation : *a* Malheur (dit-il) sur ceux qui ordonnent des Ordonnances d'extorfion, & qui dictent l'oppreffion qu'on leur a dicté.

Nous condamnons en général toutes les personnes timides qui craignent d'estre jettez hors de la Synagogue, *b* qui aiment mieux la gloire des hommes que la gloire de Dieu.

Dieu se plaignoit autrefois que personne ne crioit pour la justice, & ne debattoit pour la verité : c'est-à-dire, que personne ne se mettoit en peine pour maintenir le droit des Innocens & detourner de leur mauvaise vie ceux qui agiffoient contre la justice , que personne ne protégeoit les pauvres Innocens , & ne défendoit felon son pouvoir la caufe qui estoit juste & la vérité , en un mot , il se plaignoit que la vérité se trouvoit défaillante.

C'est ce que nous voyons encore aujourd'huy : c'est une imprudence aufen-

a Efaïe ch. 10. v. 1.
b S. Jean. ch. 12, v. 42, & 43.
c Efaïe ch. 59. v. 4, & 15.

sentiment des mondains de soûtenir les Innocents , parce qu'ils sont en plus petit nombre que ceux qui les oppriment, les uns par un effet d'une méchante Politique , & contre leurs consciences se joignent aux Persécuteurs, ou leurs applaudissent , de peur qu'on ne croye qu'ils sont d'Intelligence avec les Réformez ; ou qu'ils sont dans leur Parti ; les autres croyants estre plus équitables ne disent mot, ne leur font aucun mal , mais aussi ne leur en évitent & ne les délivre d'aucun.

A l'égard des premiers ; Il n'y a personne, qui ne voye que ce sont des lâches ridicules , plus blâmables que ce Cleombrote que Ciceron condamne, lequel craignant que l'estime qu'on avoit pour luy ne diminuât, & que ses envieux ne fissent croire qu'il avoit de l'intelligence avec son Ennemi, combattit témérairement & malheureusement contre Epaminondas. *a*

Ceux là sont plus coupables que les Persécuteurs mêmes : car outre qu'ils sont Persécuteurs comme eux, ils sont hypocrites ; leur artifice est une grande marque de la foiblesse & de la petitesse de leur esprit : Ce sont des gens

pour

____

a Off. livre 1.

pour tout dire en un mot , lesquels cheminants suivant le conseil des méchants , *a* s'arrêtent au train des pécheurs , & s'assoient au banc des mocqueurs , périront; *b* car on ne peut pas adorer la bête , & estre écrit au livre de vie de l'Agneau : *c* On ne peut pas prendre la marque de la bête sur son front ou dans sa main , qu'on ne soit sûr d'estre tourmenté de feu & de soulfre devant les Saints Anges & devant l'Agneau. *d*

Ceux qui croient estre plus équitables que ces premiers , sont pourtant tres-coupables , & leur maniere d'agir qui leur paroît si innocente est tres criminelle.

Malheur sur ceux qui justifient le méchant, & qui ôtent à chacun des justes sa justice. *e* Ce n'est pas assez dans le pur Christianisme de ne point faire de mal , il faut faire du bien & des bonnes actions.

Il y a deux sortes d'injustices, dit „un sage Payen , *f* l'une est commise

„par

a Ps. 1, v. 1.
b Ibid. v. 6.
c Apoc. ch. 13, v. 8.
d Ibid. ch. 14, 1. v. 9.
e Esaïe ch. ch. 5, v. 23.
f Cic. Off. livre 1.

,,par ceux qui font outrage, & l'au-
,,tre est de ceux qui peuvent empé-
,,cher l'outrage, & qui ne s'y oppo-
,,fent pas, celuy, ajoûte t-il, qui per-
,,fécute quelqu'un injustement, ou par
,,colére ou par quelqu'autre passion,
,,me semble presque aussi coupable
que s'il faisoit violence à son Ennémi,
,, & qu'il attentât à sa vie ; Et celui
qui ne le protége pas , & qui peut
empécher l'injure qu'on luy fait , ne
commet pas un moindre crime que s'il
abandonnoit son pere , ses amis , &
sa patrie.

Ce Payen blâme les timides qui
n'ofent dire leurs sentimens , encore
qu'ils soient salutaires ; depeur d'attirer sur eux l'envie & la haine des autres; *a* Pendant, dit-il, qu'ils obser-
vent une partie de la justice en ne nui-
fant à personne , ils font d'ailleurs une
injustice , en ce que suivant leur devoir , ils ne défendent pas ceux qu'on
opprime.

Les Jurifconfultes difent, que celui
qui n'a pas deffendu ou qui ne s'est
pas opposé à ce que les Loix défendent , il est censé avoir fait lui-même

a Cic. Off. livre 1.

me ce qui est défendu & avoir péché?
contre la Loy. *a*

Plusieurs Pontifes mesmes sont de
cet avis, ils disent que lors qu'on ne
résiste pas avec vigueur à des entreprises criminelles, on fomente le mal
par le consentement tacite, & on en est
responsable. *b*

Qu'il vaut mieux souffrir la mort *c*
s'il le faut, par la cruauté des Tyrans,
que de consentir à la ruine de la Loy
par nôtre silence, par nôtre crainte,
ou par l'esperance de quelqu'avantage
humain ; Car enfin disent-ils, nous
avons appris des S. S. Péres, que
quiconque ne resiste pas à ceux qui
font le mal y consentent, & que quiconque ne retranche pas les desordres,
les commet. *d*

Que ne pas s'opposer à ceux qui
pê-

a Fraus enim legi fit, ubi quod fieri no-
luit, fieri autem non vetuit, id fit, l. 30.
dig. de leg.

Qui non facit quod facere debet videtur
facere adversus ea, quia non facit, l. 121.
Dig. de Reg Juris.

b Grégoire VII. livre 2. Epist. 5.

c Idem. lib. 3. Epist. 1.

d Le Pape Urbain 2. Epist. à l'Archevel-
que de Rheims, &c. Voy Specilegium Lu-
cæ Dacherii tom. 5.

pêchent c'est confentir au mal qu'ils font.

C'est une chofe étrange qu'il fe commette tant d'injuftices en France ; & que l'on y commette tant de cruautez fans que perfonne fe mette en devoir de fecourir les foibles que l'on opprime.

Nôtre furprife eft jufte à cet égard : Dieu voyant autrefois qu'il n'y avoit point d'homme, s'eft étonné que perfonne ne fe mit entre deux. *a*

Ces gens qui croyent eftre juftes, & Saints, parce qu'ils ne fe joignent pas aux Perfécuteurs, mais qui font fi timides qu'ils n'ofent fe déclarer en faveur de l'innocence qu'ils voient opprimer, doivent craindre que Dieu ne leur faffe le même reproche qu'il fit autrefois aux Juifs, qui agiffoient à-peu-prés comme eux, *b* De qui avez vous peur ? Et qui craignez vous ? Et qu'il ne prononce contre eux cét Arreft de condamnation ; *c* Je déclareray vôtre juftice & vos œuvres qui ne vous profiteront point : C'eft-à-dire, je ne celeray pas plus long-tems à vous & aux autres que

vos

a Efa. ch. 59, v. 16.
b Ibid. eh: 57, v. 11.
c Ibid. v. 12.

vos actions, que vous prétendez bonnes & justes ne sont en effet qu'iniquité; & bien loin qu'elles vous profitent, elles vous nuiront extrémement ; l'ire de Dieu se révelera tout à plein du Ciel sur toute impieté & injustice des hommes, d'autant qu'ils détiennent la vérité en injustice. *a*

L'Excuse de ceux qui agissent ainsi, est fondée sur ce qu'il y a des Ordres du Roy; auxquels non seulement la prudence, mais même la nécessité veut qu'ils obéissent : Il ne faut pas qu'ils s'abusent ; l'excuse n'est pas légitime, les raisons sur sesquelles elle est fondée sont détruites par le Droit Commun, par le Droit Canon & par la Raison même.

Il est constant que la Révocation de l'Edit de Nantes, & ce qui s'est fait depuis est contraire au Droit Civil, au Droit Naturel, & même au Droit Divin. Du moins nous l'avons fait voir assez clairement pour pouvoir dire qu'il est constant : Or par la disposition du Droit Civil, il n'y a nulle Loy ni nulle Ordonnance qui puisse authoriser ni faire valoir des choses qui

a Romains ch. 1. v. 18.

qui de leur nature font mauvaifes &
défenduës *a*

b Les Canoniftes difent , que les
Ordonnances des Princes ne doivent
pas prévaloir à celles de la Nature,
ni à celles de Dieu , que quiconque
refufe d'obéir aux Loix des hommes
lors qu'elles repugnent à celles de Dieu,
acquierent une grande récompenfe :
Pour preuve de cette vérité ils alle-
guent l'Hiftoire des Compagnons de
Daniel , & difent que par un effet de
leur Pieté & de leur fidélité envers
Dieu, ils réfufent d'obéir à la Loy
impie & facrilége du Roy Nabucho-
donofor qui portoit qu'on adoreroit
la Statuë d'or qu'il avoit fait dreffer. *c*

En

a Quæ rerum natura prohibentur nulla
lege confirmata funt L. 188. dig. de reg.
Jur.

b Imperatores quando pro falfitate contra veritatem conftituunt malas leges pro-
bantur benè credentes, & coronantur per-
feverantes. ... Quicumque legibus Impe-
ratorum, quæ contra veritatem Dei ferun-
tur obtemperare non vult, acquirit grande
præmium ... Rex Nabuchod. cum fervus
effet *Idolorum, Conftituit* Sacrilegam legem
ut Simulachrum adoraretur, fed ejus im-
piæ conftitutioni qui obedire noluerunt, piè
fideliterque fecerunt, Decret. 1. pars, diftinct. 9. cap. 1.   *c* Daniel ch. 3.

Et enfin la raison nous dit, que la prudence n'exige rien de nous, qui soit contraire à la Nature. *a*

Rien donc n'oblige & ne contraint ces gens là, à refuser à la vérité & à la justice le témoignage public qu'ils luy doivent, si non la peur d'être jettez hors des Synagogues ; des appréhensions de peines légéres & temporelles ; Que le repos de leur corps qu'ils chérissent, sinon leur vies qu'ils veulent conserver.

Que ces gens là prennent garde qu'ils se trompent, *b* & qu'en voulant sauver leur vie, ils la perdent : D'ailleurs que leur profitera-t-il s'ils gagnent tout le monde & s'ils perdent leur ame. *c*

Que nos Concitoyens reconnoissent donc qu'ils ne doivent & ne peuvent pas approuver la Révocation de l'Edit de Nantes & ses suittes ; Que comme Apollos *d* ils parlent franchement dans les Synagogues : Qu'ils demandent hautement avec nous le Rétablissement de cet Edit.

Pour

a Nunquam aliud Natura, aliud sapientia dicit, Juven. Satyr. 14.

b Evang. S. Matth. ch. 10 v. 39.

c Ibid. ch. 16. v. 26.

d Actes des Apôtres ch. 18. v. 26.

Pour les engager mieux dans nos In-
terêts à cet égard faisons leur voir, en
peu de mots pourtant, qu'il y va du
bien de leurs affaires, du repos & de
l'honneur de la Nation que l'on rende
aux Réformez les libertez, les Droits
& les biens qu'on leur a ôté, même
sans aucun prétexte.

Fin de la seconde Partie.

L   TROI-

TROISIE'ME PARTIE.

Dans laquelle on fait voir que les Catholiques Romains de France ont Interest à ce que l'Edit de Nantes soit promptement rétabli.

CHAPITRE PREMIER.

ARGUMENT.

Que les Catholiques Romains ont Interêt à ce que l'Edit de Nantes soit promptement rétabli. En quoi cét Interêt consiste.

NOus venons de faire voir, que la Révocation de l'Edit de Nantes & ses suittes, sont non seulement injustes, mais même criminelles & contraires à la volonté & dessein de Dieu.

Le Prophéte David disoit, qu'il avoit esté jeune, & qu'il avoit atteint la vieilesse, mais qu'il n'avoit jamais vû le juste abandonné. *a*

Il y a, dit Esaie, un jour de ven-

gean-

a Pf. 67. v. 25.

geance à l'éternel, & une année de ré-
tribution pour maintenir le Droit de
Sion. *a*

Encore un bien peu de tems, dit
Dieu, & mon indignation sera para-
chevée, & ma colere sera à leur dé-
struction. *b*

Tous les habitans Catholiques du
Royaume ont sujet de craindre l'ac-
complissement de cette Prophétie: Encore que tous n'ayent pas commis les injustices dont nous nous plaignons, parce
que le Prince est responsable de tout ce
qui se fait sous son nom, & les Sujets sont
punis pour les fautes de leur Prince. *c*

L 2　　　　Si

a Esa.ch.34.v.8.
b Ibid.ch.10.v.25.
c Quicquid delirant Reges plectuntur
　　Achivi. *Horat.lib.*1.*Epist.*2.
Ut Solis defectus magnam mortalium
perniciem trahit, ita Regis error etiam le-
vis, magnam tamen in rebus humanis gig-
nit perturbationem, Erasm. in simili pag.
58. Ita nati estis ut bona malaque vestra ad
Rempublicam pertineant, Tiberius dicit
filiis suis in Cornel.Tacit. Annal.cap.8.
Misérables Troyens par les Dieux immolez
A leurs vengeances légitimes
N'accusez plus les Grecs, si vous estes brû-
　　lez

Vo-

Si Saül, *a* par exemple viole l'Alliance que Josué avoit contracté avec les Gabaonites, les Israëlites en souffrent, Dieu punit ce crime par une famine qu'il leur envoye, parce qu'ils ont approuvé le zéle inconsideré de Saül, ou parce qu'ils ne l'ont pas empesché, ou parce que le corps souffre d'ordinaire, aussi bien en la Police qu'en la Nature par les mauvaises humeurs qui tombent de la tête ; ou parce que le peuple n'a pas songé à faire satisfaction aux Gabaonites, ni à réparer l'injure qu'on leur avoit fait.

Les hommes ont agi sous l'ancien Testament de la même maniere ; Sichem par exemple ayant enlevé & forcé Dina, Simeon & Levi ses freres ne se contentent pas de tuer Sichem & Hemor son Pere qui avoit favorisé ce rapt ; ils tuérent aussi tous les mâles, pillérent la Ville, prirent leurs troupeaux, leurs bœufs, leurs ânes, & ce qui estoit dans la Ville & aux champs : & toute leur substance, & tous

Voftre Prince impudique, & l'excés de vos crimes
Ont allumé le feu qui vous a desolé, *Oth.*
ven. Emblem. Horat. pag. 147.
a. 2. Samuel ch. 2 1. v. 1.

tous leurs petits enfans , & emmené-
rent prisonnieres leurs femmes, & les
pillerent avec tout ce qui étoit és mai-
fons. *a* Ce que Sichem avoit fait feul
eſt imputé en général aux Citoyens,
parce que ne l'ayant point empéché,
& n'ayant point contredit à fa mau-
vaiſe action , ils eſtoient cenfez les avoir
agréé.

Il y a dans l'Ecriture Sainte pluſieurs
exemples pareils qui juſtifient cette vérité , mais nous nous difpenfons de les
raporter , parce qu'elle eſt conſtante ,
comme il paroît , parce qui fe prati-
quoit autrefois chez les Princes , &
qui eſt encore en uſage chez quelques-
uns.

Lors que les jeunes Princes avoient
commis quelque faute , on châtioit leurs
Pages en leur préfence , afin de leur
apprendre par là dés leur plus tendre
jeuneſſe que leurs Sujets fouffriront de
même pour celles qu'ils commettront
lors qu'ils régneront *b*

Les Catholiques Romains ont donc
intereſt de détourner autant qu'ils le
peuvent le châtiment de Dieu , que
les injuſtices & les cruautez qu'on à

L 3

exer-

a Génefe ch. 3 4.
b Pafquier Recherche de la France, page
6 8 8, & 999.

exercé contre nous mérite , puis qu'il tombera infailliblement fur eux. Il n'y a point d'autre moyen de l'éviter, qu'en faifant en forte qu'on nous rende la liberté de confcience, & toutes les autres chofes qui nous appartiennent , & qu'on nous a ôté fans aucun prétexte , jufqu'à ce que nous foyons ainfi rétablis , on ne peut pas prétendre fuivant la maxime des Canoniftes d'eftre à couvert des peines dont on eft menacê *a*.

Ce motif eft puiffant ; Quand il n'y en auroit point d'autre il fuffroit pour faire agir nos Concitoyens ; Cependant pour les y porter d'autant plus aifément , nous allons leurs en découvrir d'autres , qui joints avec le premier ne permettent pas qu'ils demeurent muets.

I. Il eft certain , que les Réformez de France qui y font en trés-grand nombre , ont prefques tous efté pillez par les Dragons , ou ruinez par des punitions pécuniaires , & par des jugements de condamnation qu'on a rendu contre eux , parce qu'ils êtoient Réformez , & parce qu'ils ne vouloient pas ceffer de l'eftre.   II. La

a Non dimittitur peccatum , nifi reftituatur ablatum. Sext. Decret. de reg. Jur. regula 4.

II. La consternation dans laquelle ils font depuis la Révocation de
l'Edit de Nantes, ne leur a pas permis de prendre foin de leurs affaires
temporelles.

III. On a même pris à tâche de
les rendre chétifs & misérables afin
qu'ils n'ayent point de moyen de fe
fauver dans les Païs étrangers, & de
porter des biens qui les enrichiffent, ni de
faire d'entreprifes dans le Royaume.

On peut dire que ce font des arbres que l'on a coupé par le pied &
couché par terre ; Ce font des troncs
abbatus & ftériles, fur lefquels on ne
peut pas efperer de cueillir des fruits,
cependant il faut payer les Tailles,
les dons gratuits ; En un mot, il faut
fupporter toutes les Charges de l'Etat ;
Les Réformez en eftants difpenfez,
par l'impoffibilité dans la qu'elle on
les à mis, les Catholiques feuls feront
obligez d'y fournir ; Les charges ne
feront pas moindres, quoy que le nombre de ceux qui les fupportoient autrefois foit diminué ; au contraire la
Guerre qui commence les accroît.

IV. On à désarmé tous les Proteftants de France. Ils ne font plus en
Etat de garder leurs Villes. Si l'ennemi fe préfente ils ne pourront pas

L 4

com-

combattre pour leurs Concitoyens.

a Nous lisons que les Alliez des Lacédémoniens les quitterent d'un commun consentement, lors que leur domination se fût changée en tyrannie. Qu'au lieu de combattre pour eux dans la journée de Leuctres, ils se contenterent d'estre les Spectateurs de leur deffaite.

Les Réformez pourroient bien estre les Spectateurs de la deffaite des Catholiques Romains. Il pourroit même arriver quelque chose de plus dangereux. Ils pourroient bien comme les Macédoniens autres fois abandonner tous ensemble le Parti de Démétrius, & se rendre à celui de Pyrrhus *b*.

Au lieu d'employer le peu de force qui leur reste à deffendre leurs Comparriotes, ils pourroient bien l'employer à combattre ceux d'entr'eux qui auront esté injustes & cruels à leur égard, & qui n'auront pas voulu se laisser toucher à la désolation, à la misére, aux prieres & aux larmes des persécutez & des affligez.

Enfin c'est une maxime de bonne Politique, qu'il faut avoir soin de ses

voi-

a Cic. Offic. liv. 2.
b Ibid.

voiſins , & ne les pas abandonner.
S'il importe à un Eſtat de voir celui
qui lui eſt voiſin en Paix & en tranquilité , de peur d'avoir part à ſon
trouble , & de ſe reſſentir de la con-
tagion du mal *a* combien plus eſt-il
important aux habitans d'un meſme
Royaume qu'il n'y ayt point de mé-
contents entr'eux , qui émeuvent des
ſéditions & des Guerres Civiles.

Il eſt du Corps de l'Eſtat , comme
du Corps humain ; Quand ce dernier
eſt en fiebure , les bonnes humeurs
s'emeuvent auſſi bien que les mauvai-
ſes ; Quand une partie du Royaume
eſt en trouble le reſte ne ſauroit demeurer en Paix. Ceux qui voudroient
y demeurer ſont réduits à la rude , à
la fâcheuſe & à l'inſupportable nécef-
ſité d'eſtre les marteaux ou les enclu-
mes , les Patients ou les Bourreaux.

Que nos Concitoyens comparent le ſié-
cle de nos anceſtres avec le nôtre ;
Qu'ils examinent tout ce que les Hi-
ſtoires les plus anciennes nous diſent ;
Ils verront que les anciennes Guerres
Civiles, qui ont déſolé les Peuples &
les Eſtats, ont toutes eſté excitées par
des perſécutions & par des ôpreſſions

L 5 beau-

_a_ Curandum vicinis populis, ut pax inter
vicinos populos colatur Thucid. lib. 4.

beaucoup moindres que celles, fous lesquelles les Proteftants gémiffent pré-
fentement en France ; Et ils verront
que ces Guerres Civiles, ont également
accablé fous leurs ruines, les mécon-
tents & ceux qui n'avoient aucun fujet de fe plaindre ; Et qu'elles ont renverfé les plus grands & les plus florif-
fants Empires. *a*

Les Réformez font désarmez ; Ils
font abbattus ; Ils font en petit nombre ; Il ne femble pas qu'il y ayt beaucoup à craindre d'eux : Mais on à vû
fouvent que les malheurs font venus du
côté du quel on ne prévoyoit pas qu'ils
viendroient, & du quel on les attendoit
le moins. *b*

Enfin que voit-on prefentement en
France, depuis plufieurs années on n'y
voit que fraude, que trahifon, que violence comme dans le fiecle de fer ;
L'ami n'eft pas en fûreté chez fon ami,
le Pere craint fon Fils, le Mari dreffe
des embûches à fa Femme & la Femme à fon Mari ; Il y a mefme des
Géans enfans de la terre qui déclarent
la Guerre à Dieu ; quel plaifir ont les
ha-

a Opulentis civitatibus venenum feditio,
magna Imperia mortalia reddidit. tit. liv. l. 2.
b Mala unde minimè, expectabantur
erumpunt. Senec. Epift. 91.

habitans de ce Royaume de vivre en
cêt Etat, de se défier les uns des autres, de vivre avec des impies qui attaquent le ciel, & qui usurpent autant
qu'ils peuvent l'Empire du Dieu Souverain qui l'habite. *a*

Nous conjurons nos Compatriotes
par le soin qu'ils doivent avoir de leur
salut, de la conservation de leurs personnes, de leurs biens & de leur repos,
de prévenir tous ces maux & tous ces
désordres ; Et pour cet effet de demander promptement le rétablissement de
l'Edit de Nantes.

Ils y sont d'autant plus obligez,
qu'outre que leur ruine qui est evidente si les choses demeurent en l'eslat

L 6   où

a Vivitur ex rapto, non hospes ab hospite
    tutus
Non socer à genero : fratrum quoque gra-
    tia rara est.
Imminet exitio vir conjugis illa mariti,
Lurida terribiles miscent Aconita no-
    vercæ
Filius ante diem patrios inquirit in annos
Victa jacet pietas. Et virgo cæde madentes
Ultima Cœlestum terras Astræa reliquit.
Neve foret terris securior arduus Æther;
Affectasse ferunt regnum cœleste gigan-
    tes, Ovid. *Metamorph. lib. 1. Fab. 4.*
    & 5.

où elles font. L'honneur de la Nation, n'eſt pas ſeulement flétry, mais nous pouvons dire qu'il eſt perdu; C'eſt ce que nous allons voir dans le Chapître ſuivant.

CHAPITRE DEUXIE'ME.

ARGUMENT.

Que l'honneur de la Nation Françeiſe & des Catholiques Romains en particulier exige auſſi ce prompt rétabliſſement de l'Edit.

Simeon & Levi, Fils de Jacob, ayans autres fois trompé Hemor Prince des Héviens & Sichem ſon Fils , & ſous prétexte d'une Alliance feinte & ſimulée , eſtans entrez dans leur Ville avec l'eſpée , ayans tué tous les mâles , & ayans tué ces deux Princes eux meſmes , ayans pillé la Ville, pris les troupeaux, les Femmes & les petits Enfans , & les ayans ménez priſonniers dans leur Camp. *a* Le Patriarche Jacob leur Pere , les maudit , *b* parce, dit il, qu'ils l'ont troublé , en le fai-

a Geneſe ch. 34.
b Ibidem ch. 49. v. 5,6,7.

faifant püïr aux habitans du Païs tant Cananéens que Phéréfiens *a*.

Quels fentimens nos Concitoyens croient-ils que les Peuples Eftrangers ont de la conduitte que l'on tient en France envers les Réformez *b*.

La révocation de l'Edit de Nantes qui enveloppe par une furprife odieufe tous les Réformez du Royaume, dans un même défaftre, & qui les a obligez à fe difperfer dans tous les endroits du monde, où ils publient l'infidelité qui a efté commife à leur égard, y met les François en mauvaife odeur; On les regarde comme des gens qui font un joüet de leur parole, & de leur foy; qui ne les donnent que pour abufer ceux qui font affez fimples pour s'y fier. La révocation de l'Edit de Nantes & fes fuittes rendent tous les Catholiques Romains puants, non feulement aux habitans du Païs, mais mefme aux Peuples les plus eloignez.

Encores que les fujets n'ayent pas commis eux-mefmes, les actions que l'on

a Genefe ch. 34. v. 30.

b Quid fentire putas omnes, calvine recenti

c De fcelere & fidei violatæ crimine *Juven. Satyr.* 13.

l'on condamne , elles ne laissent pas pourtant de nuire à leur réputation.

Il est bien difficile (dit on dans les Pays Estrangers) que les Catholiques Romains François ne voient que des mauvais exemples , & ne fassent que des bonnes actions, qu'ils ne respirent qu'un mauvais air , & qu'ils ne soient jamais malades.

Le Roy à approuvé la révocation de l'Edit de Nantes & ses suittes, c'est assez pour persuader aux Estrangers que tous ses sujets l'approuvent aussi ; Et que pour toutes les raisons contenuës dans le corps de cét ouvrage, il ne faut plus se fier à eux.

Le jugement que l'on fait des inclinations des sujets par celles de leur Souverain est trés-bien fondé.

L'expérience à toûjours fait voir, que les sujets suivent les inclinations de leurs Souverains, *a* soit par flatterie & par complaisance , soit qu'ils croient leurs actions & leur démarches suffisamment authorisées , lors que leur Prince les pratique.

Quand les inclinations des Princes sont vertueuses , celles de leurs sujets sont portées au bien ; Quand elles sont
dé-

a Regis ad exemplum totus componitur orbis Claudian.

dépravées , elles corrompent infailliblement celles de leurs sujets. Un ancien *b* à crû qu'il estoit plus facile à la
nature d'errer en ses operations qu'a
un Souverain de former son Empire
dissemblable à lui & de lui donner un
génie different du sien.

Si nos Concitoyens continuent à demeurer dans le silence, & s'ils ne con-
tribuent au rétablissement de l'Edit de
Nantes, il ne sera plus permis de douter , qu'ils n'approuvent tout ce qui
s'est commis , & tout ce qui se fait ;
Et en ce cas la deffiance qu'on aura
d'eux. Le peu de foy qu'on ajoûtera à
leurs promesses, le refus que les autres
Peuples feront d'entrer en négotiation
ou en commerce avec eux, seront légitimes.

Et s'il arrive que les Estrangers se
croïent obligez de se défier d'eux , ils
n'oseront plus leur vendre ni acheter
d'eux. Ils ne voudront plus échanger ,
prêter , ni faire aucun Contract; Ils
ne voudront plus trafiquer avec eux.
Ils les consideront comme des bestes
sauvages , qui n'emploient pas la raison

a Facilius errare naturam , quam Principem formare rempublicam dissimilem sui
Theodoric. apud Cassiodor. lib. 3. Epist.
12. p. 174.

fon ni le droit ; mais qui ufent de fi-
neffe & de force , pour acquerir &
pour fe conferver leurs biens.

A quelle extremité feront réduits
alors les Catholiques Romains ? A périr malheureufement, fans pouvoir efperer de fecours ni mefme fans pouvoir efperer d'eftre plaints ; bien loin
que l'eftat miferable où ils feront excite leurs voifins à compaffion. Ils auront de la joye de voir un Peuple qu'ils
craignoient, & qui eftoit atteint d'une
maladie mortelle & contagieufe, entierement détruit.

Les biens temporels, l'honneur, le
repos, le falut mefme , toutes chofes
empêchent donc les Catholiques Romains d'approuver la révocation de
l'Edit de Nantes, ni fes fuites; Et les
follicitent fortement, à faire leurs efforts pour en Procurer le rétabliffement
bien loin de l'empêcher.

Cela eftant , il n'y à point d'ob-
ftacle qui s'oppofe aux intérêts de fa
Majefté & aux nôtres ; qui veulent que
nôtre liberté & nos biens nous foient
rendus; Faifons voir la néceffité qu'il
y-a de travailler promptement, à cête
importante affaire, avant que le tems
& les accidens qui peuvent arriver la
rendent plus difficile , & peut-être impoffible.   CHA-

CHAPITRE TROISIE'ME.

ARGUMENT.

*Remontrance au Roy sur l'Etat présent
des affaires.*

LE soin de convertir les hommes, ni
à l'égard de l'esprit, ni à l'égard
du cœur, n'est pas donné aux
puissances temporelles; Dieu se l'est ré-
servé, comme une des plus difficiles
actions qui se fissent sur la terre. Il
se sert pour cêt effet des instructions
& des Prédications de ses Ministres,
qu'il accompagne de l'efficace de sa
grace. Toute autre personne qui l'entreprend, quelque bonne que soit son
intention, se rend coupable.

Il faut que les Princes laissent la
charge du Temple aux Lévites de
peur d'irriter Dieu, *a* comme Saül
l'irrita autresfois offrant lui mesme
l'holocauste qui ne pouvoit estre agréable à Dieu qu'estant présenté par Samuel ; Il ne faut pas confondre les
fonctions Ecclésiastiques & Politiques,
cela est contraire à la Loy.

Mais

a 1.Sam. ch. 13. v. 9, 10, 11, 12, 13,
& 14.

Mais préfuppofé que les Princes ayent droit de fe mêler du fpirituel ; La Cour de France ne devoit pas entreprendre de reünir tous les habitans du Royaume en une mefme Religion, ni perfifter, comme on à fait dans la réfolution de réüffir quoy qu'il en puiffe arriver.

C'eft lors que la plante eft tendre qu'il faut la redreffer ; Lors qu'elle s'eft fortifiée elle eft inflexible, un arbre rompt plûtôt qu'il ne ploye.

C'eftoit avant que la Réformation eût jetté des profondes racines qu'il falloit tâcher de la détruire ; *a* Mais depuis qu'elle s'y eft fortifiée & folidement établie, il eft impoffible de la détruire qu'on ne détruife en même tems une partie du Royaume.

l'Expérience juftifie que les efforts qu'on a fait pour arracher la Réformation, ont ébranlé la France de telle maniere, que la moindre tempefte eft capable de la renverfer.

Comme les corps qui ont quelqu'indifpofition ne peuvent s'éloigner de la Chambre, ni fouffrir la moindre injure de l'air fans courre fortune, le Royaume

---

a Haud facile neque fine magno metu mutari poteft quod longo tempore radices egit. Arift. Polit. lib 5.

me eftant affoibli & la France ayant une partie de fes fujets malades ; Il faut qu'elle fe renferme en elle mefme , & qu'elle n'y laiffe entrer aucun étranger ; Car s'il y-entre le moindre vent, elle eft en danger de périr.

Mais préfuppofé que la France eût pû réunir tous fes habitans à une même Religion , fans rifquer autant qu'elle rifque ; Elle ne devoit pas l'entreprendre.

Diverfes Religions font utiles & même néceffaires dans un Eftat ; C'eftoit le fentiment des Payens mefmes ; Ils avoient inftitué divers animaux pour Dieux, chaque Ville avoit le fien particulier que fes habitans adoroient ; Et comme ils méprifoient celui de leurs voifins , ils n'eftoient jamais en concorde entr'eux , & par conféquent auffi jamais capables de confpirer contre la domination de leurs Princes.

En tout cas , fi on vouloit abbatre un Parti, ce devoit eftre le Romain.

On dit , qu'Alexandre s'eft autresfois repenti d'avoir ruiné la Ville de Thébes , parce qu'en la ruïnant il avoit arraché comme l'un des yeux de la Gréce.

La France doit fe repentir d'avoir ruïné les Proteftants qui eftoient le bras
droit

droit du Roy , & un des plus folides Piliers ou fondements de fon Royaume ; d'autant plus, qu'il pourra arriver que les Catholiques Romains craignans la fédition & la Guerre Civile, ou les attaques & les entreprifes de leurs Concitoyens ; Ou que preffez par les remords de leur confcience qui les contraindra peut-êftre â fe déclarer pour la Juftice , ou que touchez de Compaffion pour les miféres des opprimez ; Ou que craignans pour eux-mêmes , ce qu'ils plaignent en autruy, c'eft-à dire , qu'on ne les contraigne eux-mêmes à profeffer une Religion particuliere qui commence à naître en France, Ils fe déclareront & pourfuivront les Autheurs de la perfécurion. Ainfi tout un Peuple fera émeü , des Citoyens paifibles feront portez à la fédition, & fuccéderont les uns aux autres dans les mefmes calamitez : Ainfi il fe fera une éternelle révolution de cruautez, de vengeances & de meurtres.

Nous ne croyons pas que le Roy prit plaifir à voir fon Royaume en feu, moins encore à l'y mettre ; Il n'appartient qu'à Neron ce Monftre qui a efté l'opprobre de la terre & l'exécration du Ciel, d'embrafer Rome, &

de

de monter en suitte sur une Tour , *a*
afin (disoit-il) de contempler avec plai-
sir un si beau , & un si grand feu. Cette action là luy attira les malédictions
du Peuple , & le rendit l'objet de
l'horreur de ceux qui vivoient àlors.

Il vaut bien mieux que le Roy imi-
te l'action Chrétienne & Heroïque de
Charles V.

Ce Prince ayant demandé au Duc
d'Albe, de quel supplice il jugeoit digne la Rébellion de ceux de Gand. *b*
Il répondit à l'Empereur que sa Patrie
desobeïssante & rebelle avoit mérité
qu'on la ruïnât entierement ; l'Empereur offensé de cette cruelle Réponse,
le fit monter sur une Tour afin de
considérer la Ville , & lui demanda, quand il fut au haut de cette Tour,
combien il faudroit de peaux d'Espagne pour refaire un Gand de cette grandeur. Le Duc d'Albe , qui rémar-
qua que l'Empereur n'estoit pas satisfait de sa prémiere Réponse ne répli-
qua rien.

Les Protestants de France n'ont jamais esté rebelles ; au contraire ils ont
donné des preuves invincibles de leur
fidelité dans de tres-grandes occasions

Il.

a Suet. lib. 6.
b Strada l. 7. page 110.

Ils ne font pas coupables d'aucun autre crime : C'eft par paffion qu'on a entrepris de les ruïner ; Que fa Majefté donc le reconnoiffe , tandis que le reméde peut être appliqué, & faire fon effet ; Si elle daigne encore honorer le Clergé & tous fes Confeillers infidéles qui l'ont trompé & qui l'ont engagé à mettre le defordre dans fon Royaume ; Qu'elle luy repréfente les fuittes funeftes que ce procedé aura, & l'impoffibilité qu'il y aura de les détourner & de les arrêter.

Que dans le fond on entreprend une chofe, qui ne dépend, ni de ceux qui l'ordonnent , ni de ceux auxquels elle eft ordonnée.

Les Converfions , & à l'égard de l'efprit & à l'égard du cœur , ne font point du voulant, ni du courrant; *a* mais de Dieu qui fait miféricorde: Il a compaffion de qui il veut, & endurcit qui il veut , & qui eft-ce qui peut réfifter à fa volonté.

C'eft là ce que nous croyons que fa Majefté doit faire, ce font là nos Avis; Ce ne font pas des Régles que nous lui voulons donner, ni auxquels nous ayons la préfomption de prétendre l'obliger à fe conformer.

Il

a Romains ch. I. v. 16, 18, & 19.

Il est en sa puissance d'établir la
Paix dans son Royaume qui peut-être
seroit suivie d'une plus générale ; il lui
est aussi permis d'émouvoir une sédition , & d'entreprendre des Guerres
qui rameneront encore une fois dans le
Royaume les miséres que l'Edit de
Nantes en avoit heureusement banni ,
nous ne pouvons pas l'en empécher.

Mais nous lui disons encore en un
mot tout ce que nous venons de dire
plus au long.

Ce n'est pas l'éfet d'une même puissance de jetter le feu, & de préscrire des
bornes aprés qu'on la jetté.
b   *Tecum prius ergo voluta*
Hæc animo ante tubas : galeatum fero
    duelli
Pœnitet.

a Juven. Satyr. 1.

F I N.

TABLE
DES
CHAPITRES.

PREMIERE PARTIE.

Dans laquelle on fait voir que l'honneur du Roy & le bien de son Etat l'obligent à rétablir l'Edit de Nantes.

TABLE

SECONDE PARTIE.

Dans laquelle on fait voir que les François Catholiques Romains ne peuvent & ne doivent pas approuver la ré- vocation de l'Edit de Nan- tes.

CHAP. I. *Deux réflexions obli- gent les Catholiques Romains à con- damner la révocation de l'Edit de Nantes & fes fuites. I. fur les raifons pour lesquelles on a fait deffein de nous perdre. La II. fur*
les

M 3 ſont

TABLE.

F I N.